BIENVENUE DANS CE NOUVEAU ~~TOME~~ VOLUME D'À BOIRE ET À MANGER... ÇA FAISAIT LONGTEMPS ! DEUX ANS, POUR ÊTRE PRÉCIS.
MMH... C'EST BIEN, ÇA.
FAISAIT LONGTEMPS ! ~~DEUX ANS, POUR ÊTRE PRÉCIS~~ QU'AI-JE FAIT PENDANT TOUTES CES
TU PEUX VENIR, STEUP ?
C'EST URGENT ? J'ÉCRIS MON INTR
TRÈS !
APPORTE UN BODY PROPRE AUSSI !
ET DU SÉRUM
FAISAIT LONGTEMPS ! ~~DEUX ANS, POUR ÊTRE PRÉCIS~~ QU'AI-JE FAIT PENDANT TOUTES CES
OHLÀLÀ ! M... MAIS C'EST **QUOI** CE CARNAGE ?!
OUEERK ! J'PEUX PAS... ÇA ME DÉ-GOÛ-TE !
QUOI... TU CROIS QUE J'AIME ÇA, MOI ?!
SÉRIEUX !
~~ÊTRE PRÉCIS QU'AI-JE FAIT PENDANT TOUTES CES~~ TROIS ANNÉES ONT PASSÉ DURANT LESQUELLES
PFFF ! DURANT LESQUELLES... ON S'EN FICHE !
ON DIRAIT UN MOT D'EXCUSE DE COLLÉGIEN !
SCROUITCH !
BIENVENUE DANS CE NOUVEAU VOLUME D'À BOIRE ET À MANGER... QUATRE ANNÉES SE SONT ÉCOULÉES ET
PAPA !
MMH ?
J'PEUX DESSINER AVEC TOI ?
MMH
J'PEUX PRENDRE LE STYLO ?
ATTENDS, JE SUIS OCCUPÉ LÀ.
PAAPAA ?
AATTENDS !
BIENVENUE DANS CE NOUVEAU VOLUME D'À BOIRE ET À MANGER... QUATRE ANNÉES SE SONT ÉCOULÉES ET
JE T'AI DÉJÀ DIT, QUAND PAPA TRAVAILLE...
ATTENDS, MAIS... C'EST **TOI** QUI AS CONSTRUIT ÇA TOUT SEUL ? ♡
JE PEUX JOUER

BIENVENUE DANS CE NOUVEAU VOLUME D'À BOIRE ET À MANGER... QUATRE ANNÉES SE SONT ÉCOULÉES ET...
PIOU! PIOU! PIOU!
SHHHBOOUM!
GAEU!
KRSHH!
BIENVENUE DANS CE NOUVEAU VOLUME D'À BOIRE ET À MANGER... QUATRE ANNÉES SE SONT ÉCOULÉES ET...
RFLZZ ZZZ
MGNNNNNAA
BIENVENUE DANS CE NOUVEAU VOLUME D'À BOIRE ET À MANGER... VOILÀ BIEN SIX ANS QUE JE MITONNE CET ALBUM...
TU TRAVAILLES?
MMH
JE VEUX DIRE... TU SCÉNARISES?
MH
JUSTE POUR SAVOIR SI JE PEUX T'INTERROMPRE...
MMH
AH... TU TRAVAILLAIS?
SIIPEU
J'PEUX VOIR?
C'EST PAS FINI-FINI, HEIN!
AH OUI... C'EST MÊME PAS "COMMENCÉ-COMMENCÉ".
MMH
MARRANT, J'AURAIS DIT SEPT ANS.
AH BON?
MAIS JE SUPPRIMERAIS CETTE DEUXIÈME PHRASE... ON S'EN FOUT
BIENVENUE DANS
D'À BOIRE ET À
SINON, TU VIENS MANGER? J'AI FAIT UN RISOTTO AUX CÈPES
J'ARRIIIVE!
CLIC!

Guillaume Long

À boire et à manger

L'eau à la bouche

Couleurs de Claire Geraghty
et Guillaume Long

GALLIMARD
BANDE DESSINÉE

Ce livre est dédié à Gigi et Willy
ainsi qu'à toutes les personnes qui ont déjà lu À boire et à manger.
G. L.

La page 24, « Le vin, degré zéro », est parue dans le magazine *En Magnum*, n° 1.
Les pages 83 et 84, « Survivre aux blettes », sont parues en 2017 dans le livre *On va déguster la France*, éd. Marabout.
Les pages 125 et 126, « Je reviendrai à Montréal », sont parues dans le magazine *Azimut*.
Les pages 133 et 134, « Les desserts du sapin », sont parues dans le magazine *Spirou*, n° 4208.

N° d'édition : 374415
Dépôt légal : octobre 2024
ISBN : 978-2-07-515299-0
Imprimé en Espagne par Edelvives
Première édition

www.gallimard-bd.fr

BIENVENUE DANS CE NOUVEAU VOLUME D'À BOIRE ET À MANGER ! CES DERNIÈRES ANNÉES, J'AI LENTEMENT (MAIS SÛREMENT) DESSINÉ LES HISTOIRES QUE VOUS ALLEZ DÉCOUVRIR.

POUR VOUS REPÉRER DANS LE TEMPS, C'EST TRÈS SIMPLE :

Sommaire

Mode d'emploi

Level 1 : recettes ne nécessitant pas de connaissances particulières en cuisine, rapides et sans cuisson.

Level 2 : recettes plus ou moins élaborées, qui prennent un peu de temps et nécessitent une cuisson.

Level 3 : recettes très dures à réaliser (des fois, c'est une blague).

Egotrippe : histoires mettant en scène ma pomme.

Inventaire : listes plus ou moins utiles pour gastronome.

Joël Reblochon : histoires de la cuisine et astuces présentées par Joël Reblochon.

Nouvel ami : quelques trucs de cuisine commentés par mon ami Florian.

M. Gallimard : interventions spontanées de l'éditeur de ce livre afin d'en améliorer la lisibilité, voire la rentabilité.

Frichti : tout ce qui ne rentre pas dans les autres catégories de ce livre.

Printemps

* SÉRIE DE LIVRES CULTES.

* VOIR CARNET DU MEXIQUE, PAGE 85.

* OUI, JE DORS AVEC MES LUNETTES ET MA FEMME.

lon.

L'AUTRE JOUR, CHEZ LE POISSONNIER...
J'AI DE LA POUTARGUE À MOITIÉ PRIX, SI VOUS VOULEZ.
MMH.
MINCE... C'EST PAS SUR MA LISTE*.
* VOIR ABAM 1.
VOUS VOUS RISQUEZ À DEMANDER :
CE... C'EST QUOI, LA POUTÈRGUE ?
AH ? VOUS CONNAISSEZ PAS ?
SISI MAIS...
HIN ! HIN !
DES ŒUFS DE MULET.
MAIS C'EST DE PIRE EN PIRE.
N'ESSAYEZ PAS DE VISUALISER !
PRENEZ LA POUTARGUE.
?!
J'EN PRENDS DEUX ?
ÇA FAIT BEAUCOUP D'EUROS.
MÊME MOITIÉ PRIX ?
MÊME.
VOILÀ.
$
$
100G
VOUS M'EN DIREZ DES NOUVELLES !
COURAGE, VOUS AVEZ PERDU UNE BATAILLE MAIS PAS LA GUERRE, COMME ON DIT...
SI VOUS TROUVEZ COMMENT LA PRÉPARER HAHAHAHAHA !
IL A PRIS QUOI ?
C'ÉTAIT QUOI, SA LISTE ?
CHER.
GNÉGNÉ
... ET VOUS AVEZ FAIT UNE BONNE AFFAIRE.
VOUS NE LE SAVEZ PAS ENCORE MAIS
LA POUTARGUE
A.K.A. LES ŒUFS DE MULET
JE SUIS UN MULET !
EH OUAIS !
SURPRISE MOFO !
LES ŒUFS EN QUESTION
C'EST UNE DES MEILLEURES CHOSES QUE VOUS GOÛTEREZ DANS VOTRE VIE, EXCEPTÉ LA CHAIR HUMAINE.
(HAHA ! NON, JE RIGOLE !! ENFIN, ON EN REPARLE DANS 100 ANS, VOUS AVEZ LU "LA ROUTE" DE CORMAC MCCARTHY ?)
LA POUTARGUE SE CONSOMME RÂPÉE, TRÈS SIMPLEMENT
SUR UN TOAST GRILLÉ ET BEURRÉ...
... AVEC DU CITRON.
MOI AUSSI, J'AI GOOGLE.
AH... NON. JE PENSAIS PLUTÔT AVEC DES PÂTES.
AH BON ?!
J'AI DU BON PAIN, SINON...
JE VIS AVEC UNE ITALIENNE.

Spaghetti alla
BOTTARGA
POUR 4 PERSONNES
2 POCHES DE POUTARGUE
SPAGHETTI
500 G DE SPAGHETTIS
DU CITRON
UNE POIGNÉE DE PERSIL
DU SEL GROS ET PETIT
DU PEPERONCINO (OU DU PIMENT DE CAYENNE)
3 GOUSSES D'AIL
DE L'HUILE D'OLIVE
1 FAITES CUIRE LES PÂTES DANS UNE GRANDE CASSEROLE D'EAU GROSSALÉE :
5L
50 G DE SEL (C'EST LOURD)
PELEZ L'AIL ET ÉMINCEZ-LE :
TAS 1
2 FAITES REVENIR L'AIL ÉMINCÉ AVEC UNE BONNE DOSE D'HUILE D'OLIVE À FEU TRÈS DOUX DANS UNE GRANDE SAUTEUSE :
SHHHHHHHH
FEU DOUX ET MIGNON
N.B. : SI VOUS DISPOSEZ D'UN PRESSE-AIL, VOUS POUVEZ L'UTILISER, C'EST PAREIL.
3 PELEZ LA POUTARGUE (AUTREMENT DIT, ENLEVEZ SA COUCHE PROTECTRICE EN CIRE) :
ET RÂPEZ-LA :
TAS 2
(MODE PETITS TROUS)
RÉSERVEZ-LA POUR LE DRESSAGE.
4 HACHEZ DU PERSIL APRÈS L'AVOIR LAVÉ :
UNE POIGNÉE STANDARD
TAS 3
ZESTEZ LE CITRON APRÈS L'AVOIR LAVÉ ET SÉCHÉ :
TAS 4
5 QUAND LES PÂTES SONT CUITES, MÉLANGEZ-LES AVEC L'AIL, LE PERSIL ET LE ZESTE DE CITRON, AINSI QU'UNE DEMI-TASSE DE LEUR EAU DE CUISSON :
TAS 1
TAS 3
TAS 4
6 SAUPOUDREZ GÉNÉREUSEMENT CHAQUE ASSIETTE DE POUTARGUE RÂPÉE ET ASSAISONNEZ D'UNE POINTE DE PIMENT ET D'UN PEU DE SEL, SI BESOIN.
BUON APPETITO!
MMMH ! CH'EST VRAI QUE CH'EST DÉMENT, CHE PLAT !
LE SAVIEZ-VOUS ? IL Y A 4 000 ANS DÉJÀ, LES ÉGYPTIENS CONSOMM...
LAISSE TOMBER, J'AI AUSSI WIKIPÉDIA SUR MON TÉL.
CHURP !
Lon.

Mon nouveau gâteau au chocolat

* VOIR "ABAM 1".

Mon nouveau gâteau au chocolat

Mon nouveau gâteau au chocolat

*AUTREMENT DIT, SÉPARE LE BLANC DU JAUNE.

IL Y A CETTE PARTY, AVEC CEUX DE L'AGENCE ET DES POTES... VOUS CHILLEZ GRAVE ET APRÈS QUELQUES MOJITOS, VOTRE ESPRIT S'EMBROUILLE.
QUI DU COUP?
BAH J'VOIS PAS.
ET LÀ, JE LUI SORS : "NORMAL, TON FICHIER EST EN RVB!"
HAHAHA!
DU MOJITO
SANS DOUTE MAIS
IS PAS.
MAIS LA MAQUETTE, T'AS QU'À LA FOUTRE SUR LE CLOUD, NON?
VAS PLUS
SRI LANKA?
OUAIS MAIS NON.
NON, ÇA ME MET MAL À L'
BON, J'FINIS CELUI-LÀ ET CIAO LA COMPAGNIE.
SURRRRRP
ÇA ME SOÛLE EN FAIT.
PIS BON... TAME IMPALA ÇA VA DEUX MINUTES, HEIN.
VOTRE ESTOMAC EST EN VRAC. IL FAUT QUE VOUS VOUS SUSTENTIEZ URGEMMENT.
OUH PUNAISE CHUIS BIEN CAISSE.
GRODOGL
QUE FAIRE ? MANGER DES CACAHUÈTES BIO OU DES CHIPS DE TOPINAMBOUR ET RUTABAGA ?
VOUS VOUS EN ÊTES GAVÉ TOUTE LA SOIRÉE...
PRENDRE UNE PART DE CAKE TOMATES SÉCHÉES - FÉTA OU OLIVES - JAMBON BLANC ?
PLUTÔT MOURIR D'ENNUI.
PICORER QUELQUES BONBONS ACIDULÉS POUR COLMATER VOTRE ESTOMAC ?
MAUVAISE IDÉE.
SOUDAIN, VOUS REMARQUEZ UN PAQUET DE TORTILLA CHIPS ET UN SALADIER DE GUACAMOLE.
SANS LE
PAS SUR
PARAÎT QU'
PEUT PAS MANGER
WOO! ÇA C'EST COOL!
TORTILLA
CHIPS
C'EST PAS BIO, MAIS TANT PIS... DÉJÀ, VOUS VOUS EMPAREZ DES TORTILLAS.
UNE ENVIE DE GUACAMOLE, C'EST PLUS FORT QUE TOUT. ET PUIS, ON N'EST JAMAIS DÉÇU PAR CE PLAT.
SAIS, LE GARS QUI FAISAIT CE BLOG BOUFFE... IL EST MORT OU QUOI?
SANS PROBLÈME, JE TE MAILE DEMAIN LÀ
SAUF QUE...
VOUS N'AVEZ PAS REMARQUÉ LE SACHET D'ÉPICES OUVERT À CÔTÉ DE LA PURÉE D'AVOCATS.
OLD EL PABON
AVANT QUE VOUS NE RECRACHIEZ VOTRE BOUCHÉE À LA FACE D'UN CONVIVE AUSSI IVRE QUE VOUS, FAISONS UNE PAUSE.

LE GUACAMOLE, QU'EST-CE QUE C'EST ? UNE RECHERCHE RAPIDE SUR WIKIPÉDIA NOUS INDIQUE QUE CE MOT VIENT DE L'AZTÈQUE "GUACA" (PAS BESOIN DE FAIRE UN DESSIN) ET "MOLE" QUI VEUT DIRE "MOU".
AUTREMENT DIT : PURÉE D'AVOCATS ÉCRASÉS.
RHÂ... J'FAIS ENCORE GUACAMOLE...
FAUT QUE J'ARRÊTE LES TRUCS FRITS À CHAQUE SACRIFICE.
CE QUE NOUS, OCCIDENTAUX, APPELONS GUACAMOLE EST EN RÉALITÉ UNE "SALSA GUACAMOLE", C'EST-À-DIRE...
UNE SAUCE AU
À LA PURÉE D'AVOCATS ÉCRASÉS.
BRAVO.
IL Y A AUTANT DE FAÇONS DE PRÉPARER LA SALSA GUACAMOLE QU'IL Y A DE MEXICAINS DANS LE MONDE.
YÉ METS DÉ LA POUDRE D'AIL.
N'IMPORTE QUOI ! LE GUACAMOLE ÇA SE
CARAMBA ! JOUSTE DOU CITRON VERT ET DU JALAPEÑO !
CITRON JAUNE, ¡CABRÓN !
LA BONNE NOUVELLE, C'EST QU'IL NE RESTE ACTUELLEMENT PLUS QU'UN SEUL MEXICAIN SUR TERRE...
ENFIN "BONNE NOUVELLE"... C'EST UNE TRAGÉDIE, OUI.
LA DROGUE, LES CARTELS. ILS SE SONT TOUS ENTRE-TU... BREF.
ÇA PRÉSENTE L'AVANTAGE D'ÉVITER TOUT DÉBAT.
ALORS VOYONS CETTE SALSA GUACAMOLE... EST-ELLE SI COMPLIQUÉE ET LONGUE À RÉALISER QUE CERTAINS L'ACHÈTENT EN SACHET ? MÊME PAS. IL FAUT :
DE L'AVOCAT MÛR À POINT
DE L'OIGNON FRAIS
DU CITRON
DU SEL
DE LA CORIANDRE
DE LA TOMATE
DU PIMENT FRAIS
AND NO FUCKIN' GREEN PEAS !
AH BAH ? BUT WHO ARE YOU ?
BARACK OBAMA !
AH OK... AVEC LE DESSIN, C'EST PAS ÉVIDENT...
RESPECT GUACAMOLE !
HEU...
BON.
POSEZ-MOI TOUT ÇA SUR LE PLAN DE TRAVAIL ! MERCI.
UN BON GUACAMOLE, C'EST D'ABORD DE BONS AVOCATS, MÛRS À POINT. COMME UN BON MELON, C'EST CHAUD À CHOISIR :
PEAU QUI BRILLE
DUR COMME DU BOIS
NON
PÉDONCULE MARRON
MOU
TROP PALPÉ SUR LES ÉTALS
NON
PÉDONCULE VERT
SOUPLE AU TOUCHER
TENDRE AU PÉDONCULE
PEAU MATE
OUI
AU PIRE, FAITES-LE MÛRIR DANS DU PAPIER JOURNAL ET AU CONTACT DE POMMES, MAIS... IL FAUT ANTICIPER ET C'EST CHIANT DE PRÉVOIR DU GUACAMOLE.
1 BIEN, COMMENÇONS. ÉQUEUTEZ LA CORIANDRE ET HACHEZ-LA LE PLUS FINEMENT POSSIBLE (POUR LA QUANTITÉ, VOUS VOYEZ).
J'AI RÉUSSI À FAIRE DES BOUTS MICROSCOPIQUES !
(SI VOUS N'AVEZ PAS DE HACHOIR, DES CISEAUX ET UN BOL FERONT L'AFFAIRE.)
PRENEZ UN SALADIER (DANS LEQUEL VOUS ALLEZ FAIRE LA SALSA GUACAMOLE) ET METTEZ LA CORIANDRE HACHÉE DEDANS.

* VOIR CARNET DU MEXIQUE, PAGE 94.

lon.

Le vin, degré zéro

* JE LA TIENS D'UNE AMIE JOURNALISTE EN VINS QUE J'AI PROMIS DE NE PAS BALANCER (AVEC QUI J'AI FAIT UN BOUQUIN, CHERCHEZ DANS MA BIBLIOGRAPHIE À LA FIN DE CET OUVRAGE).

Lon.

* ~~ACHETER~~ LIRE "ABAM 3".

* VUE EN TRANSPARENCE. ** GOÛTEZ-LES, PAS BESOIN QU'ILS SOIENT TRÈS CUITS.

*(PAS TOUJOURS, MAMAN.)

* GOÛTEZ LES PÂTES. NE VOUS FIEZ PAS AU TEMPS DE CUISSON SUR LE PAQUET.

lem.

TORINO
MILANO
FIRENZE

NOTES à propos de la GASTRONOMIE italienne

AVRIL 2015

JE VIENS DE PASSER QUELQUES JOURS À MILAN, TURIN ET FLORENCE POUR DÉFENDRE **COTTO A PUNTINO** QUI EST LA VERSION ITALIENNE D'**ABAM** PARUE CHEZ **BAO PUBLISHING**.

J'AI DOUZE HEURES À TUER DANS LE TRAIN QUI ME RAMÈNE À LYON, ALORS JE VAIS ÉCRIRE DEUX OU TROIS CHOSES SUR CE PETIT VOYAGE AVANT QUE JE LES OUBLIE. CERTAINES SONT IMPORTANTES, D'AUTRES INSIGNIFIANTES, MAIS JE VAIS ESSAYER D'ÊTRE LE PLUS COMPLET POSSIBLE.

1 LINGUINE ALLO SCOGLIO*

C'EST LE PLAT QUE JE MANGE À MON ARRIVÉE À **MILAN**; JE SUIS FATIGUÉ, IL EST DIX HEURES DU SOIR ET TOUT EST FERMÉ SAUF UN RESTO QUI RESSEMBLE DE LOIN À UNE CAFÉTÉRIA BANALE.

JE NE PARLE PAS UN MOT D'ITALIEN MAIS J'AI LA CHANCE DE TOUT AIMER EN MATIÈRE DE NOURRITURE (EXCEPTÉ LES BLETTES).

"LINGUINE", JE CONNAIS. "ALLO SCOGLIO", J'IMAGINE QU'IL DOIT Y AVOIR DE L'AIL OU DE LA PIEUVRE, ENFIN UN TRUC TORDU (SCOGLIO → SCOLIOSE).

ON M'APPORTE DES LINGUINE ET UNE MONTAGNE DE FRUITS DE MER À L'HUILE D'OLIVE, AIL ET TOMATES CERISES, BASILIC. ÉVIDEMMENT. C'EST DÉLICIEUX. C'EST PARFAIT.

*LINGUINE "AU ROCHER" AU RESTAURANT L'UCCELLINA.

2 LE CHOIX DES PÂTES
JE PARS DANS DES DISCUSSIONS INFINIES AVEC LES GASTRONOMES ITALIENS QUE JE RENCONTRE PARCE QUE JE VEUX SAVOIR : "QU'EST-CE QUE JE RAPPORTE COMME MARQUE DE PÂTES TROUVABLE EN SUPERMARCHÉ POUR QUAND JE RENTRE EN FRANCE ?"
OUI, NORMAL... C'EST DE LA MERDE, LES PÂTES EN FRANCE...
BARILL DE CECC
DÉJÀ, TU OUBLIES.
BON...
L'IDÉAL, C'EST LA PÂTE FRAÎCHE, ÉVIDEMMENT...
MATTEO
DÉJÀ BON...
RUMMO
martelli®
TU EN PARLES DANS TON LIVRE, C'EST BIEN QUE TU CONNAISSES, TU SAIS.
OUI, MARTELLI C'EST BIEN, RUMMO ÇA VA. EN PLUS, ILS ONT EU UN DÉGÂT DES EAUX IL FAUT LES SOUTENIR.
HAHA ! LES PÂTES !
TU ES FOU DE PARLER DE ÇA !
Cocco
C'EST BIEN, TU VERRAS.
SURTOUT PAS BARI NI DEC
BON ÉVIDEMMENT, LES PÂTES, ÇA SE FAIT HEIN, ÇA S'ACHÈTE PAS.
MICHELE
VERRIGNI, ON T'EN A PARLÉ ?
COCCO... ÇA VA, C'EST PAS NON PLUS...
MARTELLI, OUI ÉVIDEMMENT... RUMMO, J'AI ÉCRIT UN ARTICLE POUR LES SOUTENIR.
FEDERICO
TU SAIS, LES PÂTES, IL FAUT LES FAIRE, C'EST FACILE, JE T'APPRENDRAI SI TU VEUX.
ALORS... JE NOTE ÉGALEMENT :
CAVALIERI
Pastificio dei Campi
Garofalo
SCRITCH ! SCRITCH !
BIEN SÛR QUE JE SAIS FAIRE LES PÂTES, MAIS J'AI LA FLEMME ET JE SAIS QUE VOUS AUSSI, VU LA QUANTITÉ DE MARQUES QUE VOUS CONNAISSEZ !

③ LE RISOTTO SUPRÊME

APPAREMMENT, TOUT LE MONDE HOCHE LA TÊTE D'UN AIR PÉNÉTRÉ QUAND J'ÉVOQUE CETTE MARQUE DE CARNAROLI QUE M'A CONSEILLÉE MATTEO. ON PEUT L'ACHETER VIEILLI DE PLUSIEURS ANNÉES, ET ÇA COÛTE UN BRAS, BIEN SÛR. J'EN PRENDS DEUX BOÎTES NORMALES POUR VOIR. MATTEO M'A DIT : "C'EST COMME SI J'AVAIS JAMAIS GOÛTÉ DU RIZ AVANT, C'EST FOU."

④ LA RÉVÉLATION

JE SUIS EN PLEINE DISCUSSION GASTRONOMIQUE AVEC MON ÉDITEUR ITALIEN, ON PARLE DE LA CUISINE DANS LE MONDE QUAND SOUDAIN, IL ME DIT CETTE PHRASE TELLEMENT ÉCLAIRANTE :

VOILÀ. PERSONNE NE PEUT ÊTRE D'ACCORD SUR LA NOURRITURE AVEC UN ITALIEN. PAS MÊME UN AUTRE ITALIEN.

LA FAUTE À LA MAMMA ET À SON SAVOIR-FAIRE IRREMPLAÇABLE.

5 UN RISOTTO ALLA MILANESE

À MILAN, C'EST COMME... JE SAIS PAS MOI, UNE SAUCISSE DE STRASBOURG À STRASBOURG OU UN QUICK EN VITESSE : C'EST BIEN MEILLEUR. CELUI QUE JE MANGE À **PISACCO**, IL ME FAIT PÉTER LES PAPILLES DIRECT. C'EST UN GRAND RISOTTO.

6 PANINO CON LAMPREDOTTO

JUSTINE, QUI TRAVAILLE À L'INSTITUT FRANÇAIS DE FLORENCE, M'A DIT :

EH BIEN, BANCO ! LE PAIN N'EST PAS TRÈS BON, MAIS J'Y VAIS POUR LA GARNITURE. JE LE MANGE EN PLEIN MILIEU DU MERCATO CENTRALE.

ALORS QUE JE SUIS À LA MOITIÉ DE MON PANINO, JE PROFITE DE LA WI-FI DU MERCATO POUR CHERCHER QUELQUES RENSEIGNEMENTS SUR LE LAMPREDOTTO...
J'ALLAIS QUAND MÊME PAS DEMANDER À JUSTINE CE QUE C'EST... JE DOIS RESTER CRÉDIBLE, J'AI DES CONFÉRENCES SUR ABAM À DONNER, MERDE!
ALORS LAMPRO... PRE... RHÂ. AH! VOILÀ.
ZWIP! ZWIP! ZWIP!
DOIGTS QUI GLISSENT À CAUSE DU GRAS.
OH BON SANG! JE BOUFFE DE L'INTÉRIEUR D'ESTOMAC DE VACHE! JE VAIS GERBER!!!
HAHA! AH NON!
J'AI FAILLI OUBLIER QUE JE MANGEAIS DE TOUT ET QUE JE SUIS ÉMÉTOPHOBE!
JE SUIS SAUVÉ!
EN FAIT, LE LAMPREDOTTO, C'EST UN PEU CRACRA DANS L'IDÉE, MAIS C'EST EXQUIS.
Bouhou, je suis du lampredotto bien cuisiné et personne me veut de moi parce que j'ai l'air dégueu et que je suis une tripe!
Hihi! moi, tout le monde m'adore, je suis une petite salade diététique au goût infect du supermarché, je coûte cher, je suis faite par des machines et mes emballages polluent, mais je suis bonne pour la santé, eh ouais!
LE DRAME DU LAMPREDOTTO AU XXIe SIÈCLE
LE MIEN EST SERVI DANS UN DEMI-SAC EN PLASTIQUE ET ÇA RAPPELLE UN PEU LES GANTS JETABLES À LA STATION-SERVICE.
ATTENDEZ DEUX MINUTES, JE CHANGE DE TRAIN ET J'ENVOIE UN TEXTO À MA MÈRE AVANT QUE J'OUBLIE...
HAHA! J'AI RIEN BESOIN D'INVENTER!
FORMIDABLE.
KRRR RRRRR
- TU CONNAIS LE LAMPREDOTTO À FLORENCE? C'EST UN TRUC DE OUF!
- NON, JAMAIS VISITÉ. J'AVAIS FAIT LE DÔME PAR CONTRE.
- HAHA! NON, JE PARLAIS DU SANDWICH! ÇA DEVRAIT TE PLAIRE TOI QUI AIMES LES PIEDS DE PORC!
- [VOUS AVEZ REÇU UNE IMAGE] T'AS VU, TON CHAT DORT BIEN!
(*) JE SUIS PAS GAUCHER, C'EST UNE ERREUR DE DESSIN.

7 ARANCINO

JE SUIS À TURIN POUR L'APRÈS-MIDI, ON EST DIMANCHE ET C'EST UN PEU MORT. JE TRAÎNE AVEC MARION QUI BOSSE À L'ALLIANCE FRANÇAISE... ELLE VIENT DE ME FAIRE DÉCOUVRIR UN PLAT SICILIEN : L'ARANCINO.

JE FAIS LE MALIN SUR MON COMPTE INSTAGRAM MAIS J'ÉCRIS "ARANCINI" ET JE ME FAIS REPRENDRE UNE SECONDE ET TROIS DIXIÈMES APRÈS PUBLICATION.

EH BIEN... C'EST PAS MAL, UN ARANCINO. BON... C'EST SUPER GRAS QUAND MÊME. LE MIEN EST "ALLA NORMA". EN GROS, C'EST UNE BOULE DE RIZ FRITE, FOURRÉE À LA SAUCE TOMATE, AUX AUBERGINES ET À LA RICOTTA.

8 UN CARPACCIO DE CÈPES

(RISTORANTE BENEDICTA, FLORENCE)

IL PARAÎT ① QU'IL Y EN A EU BEAUCOUP CETTE ANNÉE ET QUE ② DANS CE RESTAURANT, C'EST LÀ QU'ILS SONT LES MIEUX PRÉPARÉS DE LA VILLE, ALORS JE SUIS PAS CONTRARIANT, J'EN PRENDS... DES CÈPES, DU PARMESAN, DU CITRON, DE L'HUILE D'OLIVE ET DE LA ROQUETTE : **ORGASME GUSTATIF.**

9 LE PROBLÈME DE LA PIZZA

(CARNET REPRIS DEUX MOIS PLUS TARD, À L'ATELIER)

DÈS QUE JE SUIS EN ITALIE, C'EST TOUJOURS LA MÊME CHOSE : IMPOSSIBLE DE MANGER UNE PIZZA. SOIT "ON" ME FAIT COMPRENDRE QUE "C'EST DOMMAGE", SOIT "C'EST INTERDIT." JE POSE LA QUESTION SUR INSTAGRAM POUR SAVOIR "OÙ EST-CE QUE JE PEUX BOUFFER UNE PUTAIN DE PIZZA DANS LE PAYS DE LA PIZZA, MERCI?" ET D'APRÈS LES RÉPONSES QUE J'OBTIENS, JE DESSINE UNE CARTE DES ZONES OÙ LA PIZZA EST AUTORISÉE POUR DES VOYAGES À VENIR.

"C'EST UN PEU COMME SI TU VOULAIS MANGER UNE CHOUCROUTE À MARSEILLE", RÉSUME @FLONOT*. "ILS SAURONT TE LA FAIRE MAIS... ÉVIDEMMENT, PAS COMME EN ALSACE."

* ITALOLOGUE.

FINALEMENT, JE ME DIRIGE EN SECRET VERS LA MEILLEURE PIZZERIA DE LA VILLE* ET QUAND J'ARRIVE, D'AUTRES INFIDÈLES ATTENDENT DÉJÀ DEVANT LA PORTE FERMÉE, CE QUI EST PLUTÔT ENCOURAGEANT QUANT À LA RÉPUTATION DE L'ÉTABLISSEMENT...

PIZZERIA DELL'OSTERIA DEL CAFFÈ ITALIANO

(VIA ISOLE DELLE STICHE, 11-13)

* SELON DES AUTOCHTONES QUI M'ONT DEMANDÉ DE NE PAS RÉVÉLER LEUR IDENTITÉ PUISQUE LA PRATIQUE DE LA PIZZA LEUR EST, BIEN ENTENDU, FORMELLEMENT INTERDITE.

EN FAIT, IL Y A DEUX ENTRÉES : UNE QUI OUVRE SUR UN RESTO SPLENDIDE, L'AUTRE QUI OUVRE SUR... LA PIZZERIA MITEUSE DU RESTO SPLENDIDE. C'EST LÀ QU'IL FAUT ALLER, BIEN ENTENDU.

IL Y A 3 PIZZAS À LA CARTE :

LA MARGHERITA .... 8€
POMODORO, MOZZARELLA, BASILICO E OLIO DI OLIVA.

LA NAPOLI .... 8€
POMODORO, MOZZARELLA, ACCIUGHE E CAPPERI.

LA MARINARA ...... 8€
POMODORO, AGLIO, ORIGANO E OLIO DI OLIVA.

JE REGARDE FAIRE MA PIZZA DEVANT MOI. LE GARS A L'AIR UN PEU FOU, IL DRAGUE TOUTES LES FILLES QUI ENTRENT DANS LA PIZZERIA EN PARLANT ET EN GESTICULANT COMME ROBERTO BENIGNI. JE LE DESSINE NON PAS POUR PASSER LE TEMPS NI MÊME PAR ENVIE, MAIS PARCE QUE J'AI VU DES PORTRAITS DE LUI SUR DES SETS DE TABLE EN PAPIER ACCROCHÉS AU MUR QUI SONT TELLEMENT RATÉS QUE VOILÀ UNE BELLE OCCASION DE SATISFAIRE MON EGO D'ARTISTE.*

(JE LE REPRODUIS ICI DE MÉMOIRE.)

1. EN MODE RÉALISTE
2. CLAIR-OBSCUR DTC REMBRANDT
3. PANSEMENT CHELOU
4. PETITS TRAITS POUR L'ESBROUFE

QUAND MA PIZZA ARRIVE, C'EST LE PARADIS. C'EST UNE PISCINE DE PIZZA. JE NE DEVRAIS PAS LE DIRE MAIS À FLORENCE, J'AI L'IMPRESSION QU'ILS SAVENT AUSSI FAIRE DE LA PIZZA. À MOINS QU'UNE PIZZA DE LA ZONE AUTORISÉE SOIT ENCORE MEILLEURE QUE CELLE-LÀ ? ÇA ME RAPPELLE LA SCÈNE DU STEAK DANS MATRIX :

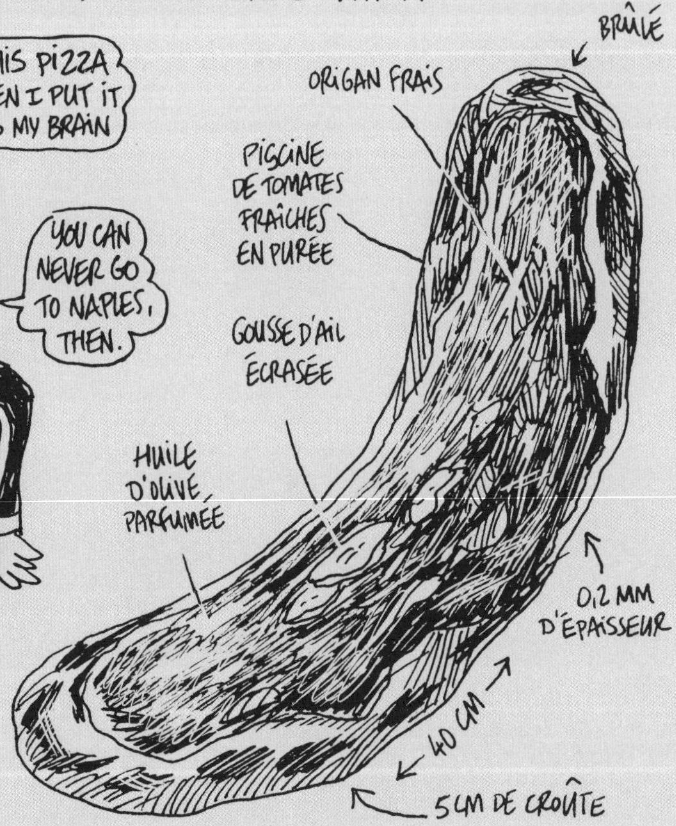

* LE SERVEUR JETTERA DISCRÈTEMENT MON DESSIN À LA FIN DU REPAS, APRÈS L'AVOIR REGARDÉ D'UN AIR CONTRIT.

(10) LE MÉTIER DE CÉCILE

À L'EXPO ARTS AND FOOD (DANS LE CADRE DE L'EXPOSITION UNIVERSELLE À MILAN), JE TRAÎNE AVEC CÉCILE DE L'INSTITUT FRANÇAIS.
IL N'Y A PERSONNE CAR NOUS AVONS LE PRIVILÈGE DE VISITER AVANT LE VERNISSAGE.

(11) MALTAGLIATI

LE DERNIER JOUR À TURIN (UN DIMANCHE), JE CHERCHE UN ENDROIT POUR MANGER QUI SOIT (1) PAS TROP LOIN DE MON HÔTEL (2) BON ET PAS CHER. ALORS JE POSE LA QUESTION SUR LES RÉSEAUX SOCIAUX ET JULIA (QUI HABITE LA VILLE) ME CONSEILLE D'ALLER AU RESTAURANT **KIPLING** (VIA MAZZINI, 10). INTRIGUÉ PAR UN PLAT INTITULÉ "MALTAGLIATI AROMATIZZATI AL ROSMARINO CON CIVET DI CERVO E FUNGHI PORCINI" (EN GROS, MALTAGLIATI AROMATISÉS AU ROMARIN AVEC DU CIVET DE CERVEAU ET DU PORC FONDU), JE DÉCIDE DE LE COMMANDER... QUELLE BONNE SURPRISE! IMAGINEZ : DE GROSSES PÂTES MAL COUPÉES*, ACCOMPAGNÉES DE CÈPES FONDANTS ET D'UN CIVET DE CERF BON COMME CELUI DE MA MÈRE (LÀ, OK : DUR D'IMAGINER MAIS BON, METTONS QUE MA MÈRE, CE SOIT LA REINE DU CIVET). C'EST CHAUD, RÉCONFORTANT, FORT EN GOÛT, SIMPLE, PARFAIT.

MERCI, JULIA.

*MALTAGLIATI : RESTE DE PÂTE À TAGLIATELLE DE FORMES DIVERSES ET VARIÉES, LES "MAL COUPÉES"... L'ART DE RECYCLER LES CHUTES, EN SOMME.

12 IN HEAVEN, EVERYTHING IS FINE

LE MAGASIN **BIALETTI** À TURIN... POUR LES AMATEURS DE CAFETIÈRES ITALIENNES COMME MOI, C'EST UN LIEU DE PÈLERINAGE... J'AI ENVIE D'ACHETER TOUT LE MAGASIN TELLEMENT JE BAVE DEVANT CES MOKA EXPRESS DE TOUTES FORMES, COULEURS ET TAILLES. LE HASARD VEUT QUE JE DESSINE CETTE SCÈNE DEUX MOIS PLUS TARD EN ÉCOUTANT **"ON VA DÉGUSTER"** (FRANCE INTER) DONT LE THÈME DU JOUR EST... **LE CAFÉ.**

HIPPOLYTE COURTY, SPÉCIALISTE EN LA MATIÈRE ET FONDATEUR DE **L'ARBRE À CAFÉ**, EXPLIQUE EN SUBSTANCE QU'IL FAUT BALANCER SA MOKA EN ALU DANGEREUSE POUR LA SANTÉ ET QU'IL FAUT BOIRE LE CAFÉ EN INFUSION POUR EN APPRÉCIER TOUTE LA SUBTILITÉ ET LA COMPLEXITÉ... DÉSOLÉ, HIPPOLYTE, JE N'AI PAS ENCORE L'ÂGE DE BOIRE DES INFUSIONS (DANS DES CAFETIÈRES MOCHES QUI PLUS EST) ET JE N'AI QU'UN VICE : MON **MOKA YRGACHEFFE** DU MATIN QUI JAILLIT DE MA **BIALETTI** RUTILANTE !

13 MEA CULPA / ERRATA ABAM 1

PENDANT LES CONFÉRENCES À TURIN ET MILAN QUE JE DONNE POUR ABAM, MES INTERLOCUTEURS ITALIENS (DES SOMMITÉS DE LA GASTRONOMIE TRANSALPINE) ME SIGNALENT AVEC GENTILLESSE MAIS FERMETÉ QUE DEUX **ERREURS** IMPORTANTES SE SONT GLISSÉES DANS LE PREMIER VOLUME :

(1) LA TOMATE "CAMONE" DE SARDAIGNE DONT JE VANTE LES MÉRITES SUR PLUSIEURS PAGES EST EN RÉALITÉ UNE **SALOPERIE** D'OGM.

(2) LA RECETTE DE PÂTES ALL'AMATRICIANA (CERTES "IMPROVISÉE") QUE JE DONNE DANS LE CARNET DE VENISE EST TOTALEMENT FANTAISISTE : NI SPECK, NI POIVRONS, NI OIGNONS MAIS DU GUANCIALE, DU PECORINO ET DU PIMENT.

POUR ME FAIRE PARDONNER, VOICI LA VÉRITABLE RECETTE DES

BUCATINI all'amatriciana (POUR QUATRE)

(1) IL FAUT :

(2) FAITES FRIRE DANS UN BON TRAIT D'HUILE D'OLIVE LE GUANCIALE COUPÉ EN FINES LANIÈRES ET LE PIMENT COUPÉ EN DEUX.

(3) PLONGEZ LES TOMATES DANS UNE CASSEROLE D'EAU BOUILLANTE UNE MINUTE PUIS PELEZ-LES ET ÉPÉPINEZ-LES. RÉSERVEZ DANS UN SALADIER.

(4) AJOUTEZ LA PURÉE DE TOMATES AU GUANCIALE DORÉ ET LAISSEZ CUIRE DIX À QUINZE MINUTES, PUIS ENLEVEZ LE PIMENT.

(5) FAITES CUIRE LES PÂTES AL DENTE EN FAISANT ATTENTION À CE QU'IL N'Y AIT AUCUN ITALIEN (OU PERSONNE AYANT DES RACINES ITALIENNES) DANS LA MÊME PIÈCE QUE VOUS, SINON ÇA VA ÊTRE L'ENFER. AU PIRE, CHARGEZ CETTE PERSONNE DE LES FAIRE CUIRE, MÊME SI ELLE RISQUE DE VOUS FAIRE CHIER POUR LA SAUCE.

(6) MÉLANGEZ PÂTES ET SAUCE, ET SERVEZ AVEC DU PECORINO RÂPÉ EN SALANPOIVRANT AU BESOIN.

* PAS CETTE MERDE DE CAMONE, MÊME SI JE L'AI AIMÉE UN TEMPS.

14 LA MADELEINE DE FEDERICO

JE MANGE À L'**ENOTECA PARLAPÀ** (CORSO PRINCIPE EUGENIO 17 - TURIN) EN COMPAGNIE DE **FEDERICO FERRERO*** (GAGNANT DE "MASTER CHEF" ITALIE) QUI A ENTREPRIS DE ME FAIRE GOÛTER TOUTE LA CARTE DE CE RESTAURANT QU'IL ADORE... SAUF QUE JE NE LE SAIS PAS ENCORE ET QUE JE ME RUE DISCRÈTEMENT SUR LES GRESSINS, LES OLIVES ET LE PAIN.

ON COMMANDE :

FEDERICO EST, D'APRÈS CE QUE J'AI COMPRIS, UN NUTRITIONNISTE... DANS MA TÊTE, NUTRITIONNISTE = COURGETTE VAPEUR + RÉGIME... OR IL N'EN EST RIEN. FEDERICO EST UNE ENCYCLOPÉDIE VIVANTE SUR LA GASTRONOMIE ITALIENNE. IL EN PARLE BRILLAMMENT ET AVEC PASSION :

J'APPRENDS AU COURS DU REPAS QUE FEDERICO VA MENER MON INTERVIEW DANS L'APRÈS-MIDI DEVANT LES ÉTUDIANTS DE LA **HOLDEN**... COMME SOUVENT, QUAND MON INTERLOCUTEUR EST SI ÉRUDIT ET INTÉRESSANT, J'AI ENVIE D'ÊTRE CELUI QUI POSE LES QUESTIONS PLUTÔT QUE DE DEVOIR Y RÉPONDRE.

* ET DES GENS DE L'ALLIANCE FRANÇAISE QUE J'AI LA FLEMME DE DESSINER.

AU BOUT D'UN MOMENT, ON ARRIVE À SE COMPRENDRE AVEC FEDERICO : QUAND IL SE MET À ME PARLER EN FRANÇAIS (ALORS QU'IL PRÉCISE QU'IL NE SAIT ABSOLUMENT PAS LE PARLER).
C'EST VRAI... MOI, QUAND JE DIS QUE JE SAIS PAS PARLER ITALIEN, C'EST VRAIMENT LE CAS !
JE SAIS JUSTE DIRE "TI VOGLIO BENE" PARCE QUE J'AI EU UNE COPINE ITALIENNE* ET "SEI UNA GNOCCA" PARCE QUE MANUELE FIOR M'A UN JOUR FAIT CROIRE QUE C'ÉTAIT UN COMPLIMENT À FAIRE À UNE JOLIE FILLE.
LES PLATS ARRIVENT...
① PATE DI FEGATO DI CONIGLIO
SALSICCIA FRESCA DI MAIALE ②
LONZA MARINATA ③
ET SE SUCCÈDENT
PROSCIUTTO DI CUNEO ④
PEPERONI ALLA FIAMMA CON BAGNA CAUDA ⑤
VITELLO TONNATO ⑨
BATTUTA DI PASSONE ⑦
FLAN DI VERDURE ⑥
ROTOLINI DI FRITTATA CON PANCETTA E RASCHERA ⑧
À L'INFINI
① PÂTÉ DE FOIE DE LAPIN ② SAUCISSE CRUE ③ PORC MARINÉ ④ JAMBON LOCAL ⑤ POIVRONS GRILLÉS ET SAUCE ANCHOIS ⑥ FLAN DE LÉGUMES ⑦ TARTARE ⑧ OMELETTE PANCETTA + FROMAGE ⑨ VEAU ET SAUCE AU THON
* C'ÉTAIT... BIEN AVANT DE RENCONTRER MA FEMME.

PARMI CE FESTIVAL DES SENS, OÙ CHAQUE PLAT MÉRITERAIT UNE PAGE ENTIÈRE DE CE CARNET, J'ÉPROUVE UN VRAI CHOC GUSTATIF AVEC LE
GHâ aaa
VITELLO TONNATO
IMAGINEZ... DE LA NOIX DE VEAU MARINÉE DANS DU VIN BLANC ET CUITE ROSÉE DANS UN COURT-BOUILLON, SERVIE AVEC UNE SAUCE CRÉMEUSE AU THON, AUX ANCHOIS ET AUX CÂPRES... C'EST TENDRE, DOUX ET SUBTILEMENT IODÉ ET RELEVÉ. ON SENT BEAUCOUP DE TRAVAIL SUR CE PLAT, QUI EXPRIME UNE IDENTITÉ QUI FAIT VOYAGER ET... MINCE! JE PARLE COMME DANS "TOP CHEF", DÉSOLÉ!
LE PROBLÈME
C'EST QUE JE PENSAIS QU'ON ALLAIT PICORER AU CHOIX DANS TOUS CES PLATS, MAIS NON. FEDERICO COMMANDE LES ASSIETTES POUR CHACUN DE NOUS.
PUIS VIENT LE PLAT QUE J'AVAIS COMMANDÉ ALORS QUE JE N'AI PRESQUE PLUS FAIM :
BOUTEILLES DE VIN
J'AI L'ETCHEBEST EN MOI!
SPAGHETTI ALLA CHITARRA con ragù
DÉLICIEUX... MÊME SI MON RAGÙ EST MIEUX!
EN MODE BATTLE
BOO-YA!!
AH TIENS! D'AILLEURS, C'EST PAS UNE HÉRÉSIE EN ITALIE, LES SPAGHETTI AVEC LE RAGÙ?
SI, SI MAIS LÀ, CE SONT PAS DES SPAGHETTI!
AH BON?
NON, ELLES SONT FAITES AVEC UNE GUITARE... ELLES SONT CARRÉES ET PAS EN TUBE.
OUI... C'EST POUR ÇA QUE ÇA S'APPELLE DES SPAGHETTI.
ALLA CHITARRA!
OUI... ENFIN, LES RÈGLES SACRÉES, C'EST COMME ÇA VOUS ARRANGE.
MAIS JE TE DIS QUE C'EST PAS DES SP
OUI, OUI.
EN FRANCE AUSSI, ON A ÇA... ÇA S'APPELLE LA MAUVAISE FOI.
BREF.

COMME PERSONNE N'A DE LA PLACE POUR UN DESSERT, FEDERICO DEMANDE AU SERVEUR D'APPORTER UN PEU DE RICOTTA (JE N'AI PAS RETENU LAQUELLE) ET DU CACAO, ET IL ME CONFECTIONNE UN PETIT DESSERT MINUTE QUE SON GRAND-PÈRE (JE CROIS) LUI FAISAIT QUAND IL ÉTAIT ENFANT ET QUE JE DOIS ABSOLUMENT GOÛTER. C'EST DOUCEREUX ET UN PEU AMER... LA NOSTALGIE DE FEDERICO EST COMMUNICATIVE ET FAIT RESSURGIR DE MA MÉMOIRE MA MADELEINE : LA BEIGNETTE. UNE CRÊPE SUCRÉE ET ÉPAISSE QUE ME FAISAIT MA TANTE QUAND J'ÉTAIS EN VACANCES CHEZ MES GRANDS-PARENTS.

15 À PROPOS DU CAFFÈ

DANS LES INTERVIEWS QUE JE DONNE ET LORS DE MES DÉDICACES, BEAUCOUP DE GENS S'ÉTONNENT QU'UN FRANÇAIS PRÉFÈRE LE CAFÉ ITALIEN. MOI, CE QUI M'ÉTONNE BEAUCOUP, C'EST QU'UN FRANÇAIS PUISSE AFFIRMER SANS ROUGIR EN ITALIE QUE LE JUS NOIR, ACIDE ET IGNOBLE QU'IL A L'HABITUDE DE BOIRE DANS LES BISTROTS CHEZ LUI S'APPELLE DU CAFÉ ! SOYONS SÉRIEUX... LE VRAI CAFÉ EST ITALIEN. ARRÊTEZ DE DIRE DES BÊTISES QUAND VOUS ÊTES LOIN DE CHEZ VOUS, ÇA FINIT TOUJOURS PAR SE SAVOIR.

(EN REVANCHE, QUAND ON ME DEMANDE CE QUE J'AI CONTRE LE PAIN EN ITALIE, JE RÉPONDS SIMPLEMENT QUE C'EST DÉGUEULASSE. ON NE PEUT PAS ÊTRE FORT PARTOUT, N'EST-CE PAS ?)

16 ET POUR TERMINER

DEPUIS QUELQUES ANNÉES, CHAQUE FOIS QUE JE REVIENS D'UN VOYAGE EN ITALIE, J'AI UNE MANIE QUI NE FAIT QU'EMPIRER : RAPPORTER À MANGER (OU DE QUOI CUISINER). POUR FAIRE DURER LE PÉRIPLE DÈS QUE J'OUVRE LES PLACARDS DE MA CUISINE OU PAR PEUR DE MANQUER, JE NE SAIS PAS TROP... J'AI DESSINÉ CE QUE J'AI ENTASSÉ DANS MES BAGAGES CE COUP-CI : DEUX BOÎTES DE RISOTTO ACQUERELLO, SIX KILOS DE PENNE ET SPAGHETTI MARTELLI, UN BOCAL DE POUTARGUE EN POUDRE, DEUX CAFETIÈRES ET UN MOUSSEUR À LAIT BIALETTI ET UN GIANDUIOTTO QUI TRAÎNAIT SUR UN COMPTOIR TURINOIS. TOUT EST BEAU, TOUT EST BON (J'AI VÉRIFIÉ DEPUIS). LES QUELQUES RENCONTRES INSTRUCTIVES DE CE SÉJOUR M'ONT PERMIS D'AVOIR UNE VISION PLUS COMPLÈTE DE LA CUISINE ITALIENNE : SI C'EST EFFECTIVEMENT UNE CUISINE ÉPURÉE, BASÉE SUR DES PRODUITS DE GRANDE QUALITÉ, IL FAUT AJOUTER QUELQUES DOGMES À TRANSGRESSER À L'OCCASION ET UNE MAMMA DANS L'OMBRE, PRÊTE À SURGIR À TOUT MOMENT !

Été

ET SOUVENEZ-VOUS QUE MÊME QUAND TOUT PARAÎT NORMAL...
"LE MOINDRE DÉTAIL PEUT ÊTRE FATAL", ON SAAIT...
C'EST BOON.
PFF RELOU...
TENEZ... PAR EXEMPLE, CETTE CHOSE NOIRE PAR TERRE...
EST-CE UN PIÈGE?
UNE VIVE PRÊTE À BONDIR?
UN
UN BOUT DE PLASTIQUE.
HRGLBLBLBLBL!!
?
C'EST DU PLASTIQUE, P'PA!
OUI, BON...
C'EST BOOON.
TU FAIS TA DRAMA QUEEN!
CETTE FOIS, C'ÉTAIT RIEN!
DU PLUS LOIN QUE JE ME SOUVIENNE, J'AI TOUJOURS ADORÉ LES HISTOIRES DE PÊCHE DE MON ONCLE BORIS.

* CÉLÈBRE ACRONYME.

LES artichauts
À LA BORIS
POUR QUATRE PERSONNES, IL FAUT :
DOUZE PATATES
ENVIRON 6,2 CM
QUATRE GOUSSES D'AIL
DEUX FEUILLES DE LAURIER
UN BEAU BOUQUET DE THYM
DU SEL ET DU POIVRE
UN DEMI-CITRON
QUATRE GROS ARTICHAUTS
QUATRE TRANCHES DE JAMBON CRU
DE LA MOUTARDE
QUATRE CURE-DENTS
DE L'HUILE D'OLIVE
DU VINAIGRE DE XÉRÈS
1 COUPEZ LES QUEUES DES ARTICHAUTS, ENLEVEZ LES FEUILLES TROP RABOUGRIES ET COUPEZ LA POINTE AU TIERS DE LA HAUTEUR :
LAVEZ-LES BRIÈVEMENT DANS UNE EAU LÉGÈREMENT CITRONNÉE :
2 DISPOSEZ DANS CHAQUE ARTICHAUT UNE TRANCHE DE JAMBON CHIFFONNÉE ET PIQUEZ-LA D'UN CURE-DENT :
RANGEZ LES ARTICHAUTS DANS UN GRAND FAITOUT.
ASTUCE VÉGÉ : ENLEVEZ LA TRANCHE DE JAMBON.
3 PELEZ ET LAVEZ LES PATATES, PUIS DISPOSEZ-LES ENTIÈRES ENTRE LES ARTICHAUTS, AINSI QUE LES GOUSSES D'AIL EN CHEMISE :
AIL EN CHEMISE
AIL TOUT NU
4 COUVREZ D'EAU FROIDE À HAUTEUR DES ARTICHAUTS, AJOUTEZ LAURIER, THYM, SEL ET POIVRE COMME VOUS VOULEZ, HONNÊTEMENT, JE M'EN FICHE, COUVREZ ET FAITES CUIRE À FEU DOUX :
QUAND LES PATATES SONT CUITES, C'EST PRÊT !
SHHH
5 RÉALISEZ UNE VINAIGRETTE POUR ACCOMPAGNER LES ARTICHAUTS :
1 UNE CUILLÈRE À SOUPE DE MOUTARDE
2 HUIT CUILLÈRES À SOUPE D'HUILE D'OLIVE
3 UNE CUILLÈRE À SOUPE DE VINAIGRE DE XÉRÈS
4 DU SEL
(LA VINAIGRETTE DOIT NAPPER LA CUILLÈRE)
ET... BON APPÉTIT !
SOUVENEZ-VOUS QUE LE VIN AVEC L'ARTICHAUT (ET LA VINAIGRETTE), C'EST PAS TERRIBLE... MAIS UN GRAND VERRE D'EAU, ÇA DÉCUPLE LE GOÛT DE L'ARTICHAUT !
SLRRP !
C'EST TROP BON.
SACRÉ BORIS !
lon.

10 USTENSILES

"pour cuisiner en vacances, tranquille."

* EN CAMPING, J'EN PARLE MÊME PAS.

3 UNE PLANCHE À DÉCOUPER PARCE QUE ÉMINCER DES LÉGUMES DANS UNE ASSIETTE, C'EST UNE DÉFINITION POSSIBLE DE L'ENFER.
PIC PIC PIC PIC PIC
4 UN ÉCONOME PARCE QUE C'EST TELLEMENT RELOU D'ÉPLUCHER AU COUTEAU :
meeumon c'est facile, il
ouiii, je sais, tu l'as expliqué mille fois mais j'y arrive pas...
en même temps, j'ai pas 80 ans et je tresse pas des paniers en osier tous les diman
SCHLIP
SCHLIP
ah, les
5 UNE CAFETIÈRE ITALIENNE POUR BOIRE DU BON CAFÉ, OÙ QUE J'AILLE.
ostie ! sa fait-tu combien d'temps qu't'as-tu pô bu un bon café ?
m'en parle pas !
héhé !
Plus qu'une semaine !
6 DU BON POIVRE PARCE QU'UN JOUR, À COURT, TOUT LE MONDE A DÉJÀ POIVRÉ AVEC CE... CE TRUC
LACTOSE EN POUDRE
Poivre Gris
7 UNE BONNE HUILE D'OLIVE PARCE QUE SANS, PLUS RIEN N'A DE SENS.
Uuuh les bonnes tomates du jardiiin... il reste de l'huile pour assaisonner ces merveil
de tournesol, ouais.
ah.
OK.
8 UNE POÊLE FÉTICHE PARCE QUE, COMME UN SLIP, C'EST PAS PAREIL QUAND ON UTILISE CELUI D'UN AUTRE :
Boon... le repas est prêt...
HAAAAAAA !!!!
Par contre, tout le monde va pas manger en même temps hein.
OOOH...
9 UNE PAIRE DE CISEAUX PARCE QU'UNE BITE ET UN COUTEAU, PARFOIS, ÇA SUFFIT PAS.
Heu...
Quelqu'un sait comment on découpe un poulet ?
AVEC TA
Ouais man, sérieusement ?
10 MON MOULIN À AIL PARCE QU'IL EST MYTHIQUE, TOUT SIMPLEMENT.
J'vous le montre ? il est dans mon bungalow...
vous êtes
hihi !
oh oui le moulin à ail !
lon.

UNE FOIS PAR AN, À LA MAISON...
CHUT! JE VIENS DE COUCHER LES ENFANTS!
HOO ♥
METS DES PANTOUFLES, J'AI FAIT LE MÉNAGE!
OHLÀLÀ... T'AS TOUT CLEANÉ! C'EST TROP SYMPA!
J'AVOUE.
J'AI MÊME FAIT LES COURSES!
NOON?!
SURPRIISE! VA VOIR DANS LE FRIGO!
AH... JE ME DISAIS BIEN... TU AS ACHETÉ DES VONGOLE.
OUIIII!
Y A DES LINGUINES AUSSIII...
J'AI COMPRIS... JE VAIS FAIRE À MANGER.

linguine
ALLE VONGOLE
(POUR DEUX PERSONNES)
SPAGHETTI
LINGUINE
UN ITALIEN
DES LINGUINES (ENVIRON 250G)
DE L'AIL
UN VERRE DE VIN BLANC
DU PERSIL
PEPERONCINO OU CAYENNE
DU SEL, DU POIVRE ET DU PIMENT
DE L'HUILE D'OLIVE
UNE BOÎTE DE TOMATES CONCASSÉES
EN FRANÇAIS, ON DIT PALOURDE!
LAISSE ♫ LES VONGOLE
À DENISE ♫
VOS GUEULES!
PLEIN DE VONGOLE (ENVIRON 600G)

1 DESSABLEZ LES COQUILLAGES DANS UN GRAND BAC D'EAU SALÉE (ELLE DOIT AVOIR LE GOÛT DE LA MER, DONC PRÉVOYEZ 30G DE SEL PAR LITRE) PENDANT 6 HEURES:
ON EST SAUVÉES!
PUIS ÉGOUTTEZ-LES
AH NON.
AVANT
APRÈS
2 FAITES BOUILLIR 2L D'EAU DANS UNE GRANDE CASSEROLE ET AJOUTEZ 20G DE SEL:
POUR 100 G DE PÂTES, 1 L D'EAU ET 10 G DE SEL
OUII GNA GNA ON SAIT!
PARDON?
RIEN.
LÀ, POUR 250G DE PÂTES, J'AI ARRONDI.
3 PELEZ ET ÉMINCEZ 3 GOUSSES D'AIL ET FAITES-LES LÉGÈREMENT DORER DANS UNE GRANDE SAUTEUSE AVEC UN TRAIT D'HUILE D'OLIVE:
← FEU DOUX
L'AIL:
PAS ASSEZ DORÉ
LÉGÈREMENT DORÉ
CRAMÉ

* ENVIE D'UN PARTENARIAT ? MOI, NON.

RÉUSSIR UNE MAYONNAISE
SALUT LES AMIS!
PARCE QUE VOUS M'AVEZ SOUVENT ÉCRIT À CE SUJET, AUJOURD'HUI, JE VAIS VOUS APPRENDRE COMMENT...
À TOUS LES COUPS!
ON VA AVOIR BESOIN DES INGRÉDIENTS SUIVANTS:
1 OEUF
DE LA MOUTARDE
1 CITRON OU DU VINAIGRE
DE L'HUILE SANS GOÛT
DU SEL
ET AUSSI:
UN SALADIER
UN GRAND FOUET
(PEU IMPORTE LA TAILLE DE LA MAYO)
POUR COMMENCER, IL FAUT OUBLIER TOUS LES TRUCS DE GRAND-MÈRE QUE VOUS CONNAISSEZ: SEL POUR DÉMARRER, INGRÉDIENTS À TEMPÉRATURE AMBIANTE, POMME D… CRUE POUR REMUER, …ONATE DE SOUDE DI… DE L'EAU, ETC.
RIEN NE MARCHE VRAIMENT.
IL SUFFIT JUSTE DE RESPECTER MÉTHODIQUEMENT LES 30 ÉTAPES DE LA MAYONNAISE, EN COMMENÇANT PAR CLARIFIER L'OEUF DANS LE SALADIER:
UN OEUF?
SOYONS CLAIR...
POURQUOI PAS UNE?
POURQUOI GENRER?
POURQUOI PAS "ON" OEUF?
(AUTREMENT DIT, SÉPARER LE JAUNE DU BLANC).
CRAC!
POURQUOI PAS PÂLE?
POURQUOI PAS DORÉ?
1 MÉLANGEZ LE JAUNE D'OEUF À UNE CUILLÈRE À SOUPE DE MOUTARDE À L'AIDE DU FOUET JUSQU'À OBTENIR UN MÉLANGE HOMOGÈNE:
ZOOM X8
NON
PRESQUE
OUI
2 AJOUTEZ 1 CUILLÈRE À CAFÉ D'HUILE ET MÉLANGEZ À NOUVEAU JUSQU'À OBTENIR UN MÉLANGE HOMOGÈNE:
3 AJOUTEZ 1 CUILLÈRE À CAFÉ D'HUILE ET MÉLANGEZ À NOUVEAU JUSQU'À OBTENIR UN MÉLANGE, BLABLABLA:
4 AJOUTEZ 1 CUILLÈRE À CAFÉ D'HUILE ET MÉLANGEZ À NOUVEAU JUSQU'À OBTENIR GNAGNAGNI GNAGNAGNA:
5 AJOUTEZ 1 CUILLÈRE À CAFÉ D'HUILE ET MÉLANGEZ À NOUVEAU, PATATI ET PATATA:
6 AJOUTEZ 1 CUILLÈRE À CAFÉ D'HUILE ET MÉLANGEZ AU SECOURS JE VAIS M'ENDORMIR À FORCE DE RÉPÉTER:
7 AH! PETIT CHANGEMENT: AJOUTEZ 1 CUILLÈRE À SOUPE D'HUILE ET MÉLANGEZ À NOUVEAU JUSQU'À OBTENIR UN MÉLANGE HOMOGÈNE:

8 MÊME CHOSE QUE 7
9 MÊME CHOSE QUE 8
10 MÊME CHOSE QUE 9
11 PAREIL.
12 PAREIL AUSSI.
13 TOUJOURS PAREIL.
14 C'EST CHIANT, HEIN ?
15 COMME CETTE IMAGE QUI SE RÉPÈTE.
16 (ON APPELLE ÇA UNE "ITÉRATION ICONIQUE")
17 LEWIS TRONDHEIM A FAIT TOUTE UNE BD COMME ÇA.
18 JE FAIS QU'UNE PAGE, JE SUIS SYMPA.
19 ÇA A L'AIR FACILE, MAIS...
20 ...TOUT REPOSE SUR L'ÉCRITURE ET LE RYTHM
OH, TA GUEULE !
21 BREF.
22 VOUS ÊTES TOUJOURS LÀ ?
23 BON, JE CROIS QUE VOUS AVEZ PIGÉ L'IDÉE :
24 POUR UNE BONNE MAYONNAISE...
25 ...IL FAUT S'ARMER DE PATIENCE...
26 ...ET Y ALLER PETIT À PETIT !
27 HÉ ! REGARDEZ DANS LE SALADIER :
28 HÉ OUAIS : C'EST DE LA MAYONNAISE !
29 À PARTIR DE LÀ, VOUS POUVEZ AJOUTER L'HUILE EN FILET, TOUJOURS EN REMUANT BIEN, ET ARRÊTER QUAND VOUS AVEZ LA QUANTITÉ DE MAYONNAISE QUE VOUS VOULEZ :
(UN FILET D'HUILE)
♫ IL NE PEUT PLUS RIEN M'ARRIVER D'AFFREUX MAINTENANT ♫
30 ASSAISONNEZ AVEC DU CITRON OU DU VINAIGRE, DU SEL ET ÉVENTUELLEMENT UN PEU DE MOUTARDE, ET C'EST PRÊT !
AH ÇA ! J'EN FAIS PAS SOUVENT, DE LA MAYO !
LA VIE EST TROP COURTE !
lon.

*"AMÉLIORE MA MAYONNAISE", RECETTES VALABLES POUR DES MAYOS NON ASSAISONNÉES (ÉTAPE 29).

III LA
Mayoobain
1 BOL DE MAYO
1 PETITE BOÎTE DE THON À L'HUILE D'OLIVE
DU SEL
1 BOCAL DE CÂPRES
1 CITRON JAUNE
DU CITRON CONFIT
FUNAMBULEU DES MOTS COMMEU NOUGARO
LE JUS D'1/2 CITRON JAUNE.
1/4 DE CITRON CONFIT HACHÉ FIN.
DU SEL, MAIS MOLLO.
2 CUILLÈRES À SOUPE DE CÂPRES.
LE THON DE LA BOÎTE DÉTRUIT À LA FOURCHETTE.
RÉSULTAT
UNE MAYO "TONNATO" POUR ACCOMPAGNER LES VIANDES BLANCHES OU LES LÉGUMES VAPEUR.
KEKEKEEK!
SE PREND POUR UN DAUPHIN

IV LA
Maythaï
1 BOL DE MAYO
DU GINGEMBRE
DU SEL
1 CITRON VERT
DE LA SAUCE SRIRACHA
UNE POIGNÉE DE CORIANDRE
C'EST LE MÉKONG DANS TON ASSIETTE!
HEU... NON C'EST DÉG BIIIP EN FAIT...
LE JUS D'1/2 CITRON VERT.
DE LA CORIANDRE HACHÉE.
2 CUILLÈRES À CAFÉ DE GINGEMBRE RÂPÉ.
DU SEL.
2 À 3 CUILLÈRES À CAFÉ DE SAUCE SRIRACHA.
RÉSULTAT
UNE MAYO QUI ARRACHE (TOUT DÉPEND DE LA DOSE DE SRIRACHA) POUR ACCOMPAGNER TOUT CE QUI SE FRIT DANS LA VIE.

V LA
Mayolo!
1 BOL DE MAYO
1 BOCAL DE CÂPRES
UNE POIGNÉE DE PERSIL
DU VINAIGRE DE XÉRÈS
1 BOCAL DE CORNICHONS
DU SEL
UNE SAUCE TARTARE, TU CONNAIS LA MAISON!
DU SEL.
1 CUILLÈRE À SOUPE DE VINAIGRE.
DU PERSIL HACHÉ.
2 CUILLÈRES À SOUPE DE CÂPRES.
LES "CHONZ' ÉLISEY!"
UNE DOUZAINE DE CORNICHONS HACHÉS MENU.
CIAO LES BÂT BIIIP
RÉSULTAT
UNE MAYONNAISE FAÇON BRASSERIE POUR ACCOMPAGNER LE SAUMON FROID, LE FISH'N CHIPS OU LES GRILLADES.
À BIENTÔT POUR D'AUTRES MAYOS!
lon.

QUAND VIENT L'ÉTÉ, QUE LES TOMATES SONT MÛRES, QUE LES MÛRES FONDENT SOUS LA LANGUE, QUE LA LANGUE... HEU... BREF, L'ÉTÉ, J'ADORE PRÉPARER DES...
LÉGUMES DU "MARCHÉ"
TICKET DE CAISSE SUSPECT
BIO
MMH
FUSILLIS
Canaille
OUAIS ALORS LE TITRE, C'EST PAS DE MOI... J'FAIS CHAUFFER L'EAU DES PÂTES ET J'VOUS RACONTE...
C'EST UNE DES PREMIÈRES RECETTES QUE J'AI SU FAIRE QUAND J'ÉTAIS ÉTUDIANT ET QUE JE CHERCHAIS À TOUT PRIX À ÉCHAPPER À L'INFÂME TAMBOUILLE DU RESTO "U"...
J'ME FARCIS DES NANAS À POIL TOUTE LA JOURNÉE AVEC UN PAUVRE BOUT DE FUSAIN...
MOI, C'QUE JE VEUX, C'EST FAIRE DES FUSILLIS !
JE L'AVAIS APPRISE DANS UN LIVRE DE CUISINE ACHETÉ VINGT FRANCS DANS UN SUPERMARCHÉ ET QUI S'INTITULAIT "LES PÂTES" (DE MÉMOIRE...)
À L'ÉPOQUE, LES OUVRAGES CULINAIRES ÉTAIENT MOCHES, AVEC DES PLATS VUS DE DESSUS ET ZÉRO BOKEH DANS L'IMAGE.
LE GENRE DE LIVRES QUI ME DONNAIT ENVIE DE FAIRE ABAM.
BREF.
(OUI, J'AI UNE COURGETTE DANS LA MAIN, ON VA EN AVOIR BESOIN.)
POUR RÉALISER CETTE RECETTE, RIEN DE PLUS SIMPLE... IL FAUT (TOUJOURS DE MÉMOIRE), POUR DEUX PERSONNES :
DES FUSILLIS (J'EN DESSINE QU'UN PARCE QUE C'EST GALÈRE)
DEUX PETITES COURGETTES
QUELQUES TOMATES CERISES
UNE BONNE POIGNÉE D'OLIVES NOIRES OU VERTES (MAIS JE PRÉFÈRE NOIRES, ICI)
DE L'HUILE D'OLIVE
UN DEMI-CITRON (DONC UN, ÇA EXISTE PAS LES DEMIS À LA VENTE)
DU SEL ET DU POIVRE
DU BASILIC (EN OPTION)
DEUX OU TROIS GOUSSES D'AIL
DU PARMESAN (EN OPTION)
HIN HIN
UNE CANAILLE (NON, JE PLAISANTE)
1 FAITES CHAUFFER DE L'EAU POUR LES PÂTES ET SI JE L'AI PAS DÉJÀ ÉCRIT CINQUANTE FOIS ICI, IL FAUT POUR :
100 G DE PÂTES
1 L D'EAU
10 G DE GROS SEL
et quand l'eau bout, on met les pâtes dedans et on regarde pas sur le paquet combien de temps ça cuit mais on goûte...
et on remue.
ça aussi, je l'ai répété dix mille fois mais qui sait, peut-être que des gens découvrent mon travail avec cette page ?
2 LAVEZ LES COURGETTES ET LES TOMATES AINSI QUE LE BASILIC, ET J'ESPÈRE QUE VOUS PRENEZ PAS TOUT ÇA AU SUPERMARCHÉ, SINON CETTE RECETTE VA VOUS DÉCEVOIR. COUPEZ LES LÉGUMES COMME CECI :
ESSAYEZ DE FAIRE DES TRANCHES D'ENVIRON 3 MM D'ÉPAISSEUR POUR LES COURGETTES (MAIS 3,2 MM ÇA PASSE AUSSI, PAS DE PANIQUE).
3 COUPEZ LES OLIVES COMME VOUS POUVEZ ET JETEZ LES NOYAUX À LA POUBELLE.
J'AI SOULIGNÉ LE MOT "NOYAUX" PARCE QUE BON... VOUS ACHETEZ VOS LÉGUMES OÙ VOUS VOULEZ, ET SI C'EST AU MONOP' DU COIN, JE JUGE PAS, JE NE JUGERAI JAMAIS UN LECTEUR POUR ÇA.
MAIS ACHETER DES OLIVES DÉNOYAUTÉES, SÉRIEUX, FAUT VRAIMENT ÊTRE UN BON GROS
TCHAK TCHAK TCHAK

* PHRASE UTILISÉE DANS BON NOMBRE DE ROMANS.

L'AUTRE JOUR, J'ÉTAIS INTERVIEWÉ À LA RADIO POUR LA SORTIE D'ABAM 3 ET JE DEVAIS FAIRE LA BOUFFE EN MÊME TEMPS QUE JE RÉPONDAIS AUX QUESTIONS:
... ET C'EST AINSI QUE JE ME RETROUVAI BIEN MALGRÉ MOI CHEF DE FILE D'UNE GASTRONOMIE QUI... HEU ATTENDS, ON PEUT COUPER UNE MINUTE?
OUI?
TA TÊTE ME DIT QUELQUE CHOSE... NON?
AH OUI, C'EST TRÈS POSSIBLE, J'AI UNE ÉMISSION SUR TF1 QUI PARLE CUISINE ET
HOPOPOP JE T'ARRÊTE TOUT DE SUITE, J'AI PAS LA TÉLÉ... J'AI ARRÊTÉ CAR JE NE TROUVAIS RIEN QUI M'APPORTE DE QUOI NOURRIR MON INTELLECT
Y A COMBIEN DE TEMPS?
ÇA VA FAIRE QUINZE ANS.
JE VOIS.
EN CE CAS, TU AS CERTAINEMENT DÛ SUIVRE "INTERVILLES" QUE JE PRÉSENTAIS À L'ÉPOQUE...
HEIN? QU... MAIS JE REGARDAIS QU'ARTE. C'EST IMPOSSI
ET TF1.
MEEERD
JE...
ON REPREND L'INTERVIEW?
BREF... L'AUTRE JOUR À LA RADIO, JE PARLAIS DE MON TRAVAIL TOUT EN CUISINANT UNE...
Salade de SARDINES AU PAMPLEMOUSSE
(POUR TROIS OU QUATRE PERSONNES)
de la ciboulette
un vrai concombre pas trop gros
un citron vert
deux pamplemousses
du sel et du poivre
une boîte de sardines à l'huile d'olive
SARDINES
Laurent Mariotte (ou une personne qui s'y connaît en pamplemousse)
une échalote
1 COMMENCEZ PAR ÉMINCER SUPER FIN L'ÉCHALOTE ET LA CIBOULETTE:
RÉSERVEZ DANS UN SALADIER.
ENSUITE, OUVREZ UNE BOÎTE DE SARDINES, VIDEZ-LA DE SON HUILE QUE VOUS JETTEREZ PLUS TARD, SELON LES DIRECTIVES DE VOTRE COMMUNE (L'ÉCOLOGIE, MERDE).
ALORS GUILLAUME LONG... CETTE RECETTE! PAR QUOI COMMENCE-T-ON?
HEU BEH HEU... J'VIENS DE LE DIRE...?
AH... ET COMMENT S'APPELLE CETTE RECETTE?
J... JE... SALADE DE SARDINES AU PAMPLEMOUSSE?
Y A PAS MIEUX?
HEU
BIEN. ET ENSUITE?
2 PELEZ LE VRAI CONCOMBRE ET DÉBITEZ-LE EN DÉS:
YÉ SOUIS OUNE VRAI CONCOMBRE, TOU MÉ TROUVES AU MARCHÉ, Y AI DÉS POUSTOULES Y YÉ SOUIS AMER, Y AI DOU GOÛT! PAS COMME CES CABRONES PLEINS DÉ FLOTTE DOU SOUPERMARCHÉ! ¡JODER!*
AJOUTEZ LES DÉS DE CONCOMBRE DANS LE SALADIER →
TOU PEUX MÉ DÉBITER, YÉ REPOUSSERAI ENCORE PLOUS FORT!
¡CABRÓN!
* VOIX DE JAVIER BARDEM.

AH OUI! DITES DONC... ÉCOUTEZ-MOI ÇA, CHERS AUDITEURS...
¡QUE TE FOLLE UN PEZ!
ÇA C'EST DU VRAI CONCOMBRE!
C... C'EST PAS LA PEINE DE TOUT ENREGIST
¡ME CAGO EN TU PUT RE!
OH LÀ LÀ...
SUPER!
3 ENSUITE, DEMANDEZ À LAURENT MARIOTTE OU UNE PERSONNE QUI S'Y CONNAÎT EN PAMPLEMOUSSE DE LES PRÉPARER:
C'EST SUPER SIMPLE! ALORS, CHERS AUDITEURS, COMMENT FAIT-ON POUR PELER À VIF UN PAMPLEMOUSSE?
TOUT D'ABORD, COUPEZ LARGEMENT SES EXTRÉMITÉS.
SCHLIP
PUIS COUPEZ LA PEAU EN N'AYANT PAS PEUR D'ENLEVER UN PEU DE CHAIR:
ENFIN, DÉGAGEZ LES SUPRÊMES SIMPLEMENT EN COUPANT COMME CECI:
♫ BABY LOVE
♫ MY BABY LOVE
ET VOILÀ, TU RÉCUPÈRES LA CHAIR SUR LES PELURES AVEC UNE PETITE CUILLÈRE OU TU LES PRESSES POUR LE JUS.
ET "INTERVILLES" ALORS, C'ÉTAIT COOL?
AH LÀ LÀ, J'AI FAIT ÇA POUR RENCONTRER GUY LUX!
C'ÉTAIT MON IDOLE À L'ÉPOQUE...
LE GARS, IL AVAIT DOUZE IDÉES DE JEUX PAR JOUR... UN JOUR, IL M'APPELLE: (VOIX DE GUY LUX) "DIS DONC, LAURENT, TOI QUI BOSSES POUR CANAL J, J'AI EU UNE IDÉE... ON POURRAIT FAIRE UN TRUC, ÇA S'APPELLERAIT "JURASSIC PATCH"... J'AI DEMANDÉ À SPILBERG IL EST OK... Y AURAIT DES ENFANTS AVEC PATCHS DANS DES CAGES ET ILS ATTRAPER L S PATCH NS
FANTASTIQUE! CHERS AUDITEURS, VOILÀ UNE ANECDOTE QUI
ATTENDS UNE MINUTE.
OUI?
CE... HEU... TU PEUX ME RENDRE LE MICRO?
AH? HEU...
ET MA CHEMISE?
À LA BASE, ON PARLAIT DE TON BOULOT...
4 REPRENONS: COUPEZ GROSSIÈREMENT LES SUPRÊMES DE PAMPLEMOUSSE:
BORDEL DE CHIER!
ET AJOUTEZ-LES DANS LE SALADIER AVEC LES SARDINES HACHÉES TOUT AUSSI GROSSIÈREMENT:
SALOPERIE DE MERDE!
¡QUE TE LA PIQUE UN POLLO!
(SALÉ-POIVREZ.)
ET VOILÀ, PLUS QU'À ARROSER D'UN JUS DE CITRON VERT PRESSÉ, ET C'EST PARTI MON K
AH LÀ LÀ PAS DE GROS MOTS À L'ANTENNE!
ÉCOUTEZ-MOI ÇA, CHERS AUDITEURS! ÇA JUTE BIEN!
FLU FLU
AINSI...
OH LÀ LÀ CHEST BON! ACHY PARLONS LA BOUCHE PLEINE, CH'AIME QUAND CHA MÂCHE À L'ANTENNE!
HAHA MERCHI!
AVEC L'AMERCHUME DU CONCOMBRE CHEST QUEQCHOCHE!
ON EST CHUR DES NOTES ACHIDES AUCHI, SI ON LA JOUE TOP CHEF.
AH! TU VOIS, T'AS LA TÉLÉ!
CH... CHA ENRECHICHTRE?

lon.

* REMBOURSABLE AU PRORATA DU PRIX H.T. DU PRÉSENT OUVRAGE SUR SIMPLE DEMANDE PAR ENVOI RECOMMANDÉ AUX ÉDITIONS GALLIMARD DANS LES DIX MINUTES SUIVANT L'ACHAT, LE TICKET DE CAISSE FAISANT FOI.

LES ANNÉES ONT PASSÉ, M
RECETTE S'EST ENCORE AMÉLIO E,
AJOUTANT UNE PRESSION
SUPPLÉMENTAIRE...
ALORS J'AI DÉCIDÉ DE BRISER LA MALÉDICTION EN LA PUBLIANT TELLE QUELLE.
TANT PIS POU
LE GONCOURT
EN ROUTE POUR
TAGLIATELLE AL RAGÙ
POUR 4 PERSONNES
500 G DE TAGLIATELLES
2 FEUILLES DE LAURIER
SEL ET POIVRE
1 GROS OIGNON ROUGE
1 VERRE DE VIN ROUGE
3 GOUSSES D'AIL
800 G DE PURÉE DE TOMATE
UIIK
MEUH
150 G DE PORC HACHÉ
1 BRANCHE DE CÉLERI
2 À 3 CAROTTES
250 G DE BOEUF HACHÉ
80 G DE PANCETTA TRANCHÉE
DE L'HUILE D'OLIVE
1 BOUILLON CUBE DE BOEUF
DU PARMESAN RÂPÉ
4 CLOUS DE GIROFLE
1 PELEZ L'OIGNON ET LES CAROTTES ET COUPEZ-LES EN TOUT PETITS DÉS :
FAITES PAREIL POUR LE CÉLERI (MAIS NE PELEZ PAS DU CÉLERI, HEIN !) :
ON COUPE MÊME LES FEUILLES !
2 DANS UNE GRANDE COCOTTE, FAITES REVENIR À FEU MOYEN LES LÉGUMES COUPÉS EN DÉS DANS 4 CUILLÈRES À SOUPE D'HUILE D'OLIVE :
ÇA DOIT FAIRE CE BRUIT
SCHKRTSHHH
L'IDÉE, C'EST DE FAIRE BRUNIR LES OIGNONS.
PENDANT LONGTEMPS, J'AI CRU QUE C'ÉTAIT UNE RÉACTION DE MAILLARD OU UNE CARAMÉLISATION, MAIS HERVÉ THIS* EST CATÉGORIQUE :
IL FAUT DIRE "BRUNIR".
LES OIGNONS BRUNIS, C'EST DÉLICIEUX, CONTRAIREMENT
* "LES SECRETS DE LA CASSEROLE", ÉD. BELIN ♡.

* UN VRAI BOUILLON, C'EST MIEUX MAIS... C'EST LONG. LA DIFFÉRENCE DE GOÛT N'EST PAS ÉNORME, CONTRAIREMENT AU VIN. Lon.

Automne

* ACRONYME DEVENU NOM COMMUN. ** JE VOUS LAISSE TESTER SUR LES AUTRES SORTES DE RIZ.

lon.

Filet mignon de porc
et son beurre d'herbes

(POUR ENVIRON 3,87 PERSONNES)

1. À L'AIDE D'UNE PERCEUSE (OU D'UN COUTEAU POINTU MAIS C'EST MOINS SPECTACULAIRE), FAITES DES TROUS DANS LE FILET MIGNON :

POUR 3,87 PERSONNES, CHOISISSEZ UN FILET D'ENVIRON 603,56 G QUE VOUS PERCEREZ D'À PEU PRÈS 13 TROUS.

2. PELEZ PUIS COUPEZ UNE OU DEUX GOUSSES D'AIL EN BÂTONNETS DE 3,2 MILLIMÈTRES D'ÉPAISSEUR :

ENFONCEZ LES BÂTONNETS DANS LES TROUS QUE VOUS AVEZ FAITS DANS LE FILET MIGNON :

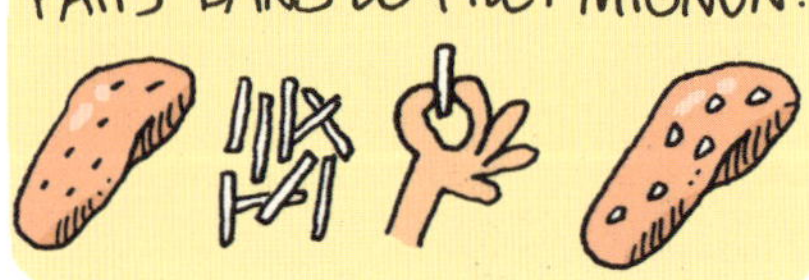

3. DANS UN MINI-HACHOIR, MIXEZ LA PLAQUETTE DE BEURRE COUPÉE EN DÉS (ENLEVEZ-EN UN TIERS SI VOUS ÊTES SUJET AU CHOLESTÉROL) AINSI QUE QUATRE BOUQUETS D'HERBES DE VOTRE CHOIX DONT VOUS AUREZ ÔTÉ LES TIGES :

* J'AVAIS PRÉVENU.

lon.

* JE VÉRIFIE CETTE LOI UNIVERSELLE DEPUIS PLUSIEURS ANNÉES.

* ABRICOT, GELÉE DE COINGS OU DE GROSEILLES, ETC.

Lou.

UN KEBAB historique

ÉÉHEEEU... EXCUSÉMOIII ?
JE HEU... J... JE PEUX SAVOIR POURQUOI VOUS AVEZ PRIS MON KEBAB EN PHOTO ?
SANS VOULOIR HEU...
AAAH MAIS ÇA, MONSIEUR, C'EST UN KEBAB HISTORIQUE ! ON EST EN TRAIN DE REFAIRE LA DEVANTURE DU RESTO, LÀ, VOUS VOYEZ ? JUSTE AU-DESSUS DE MA TÊTE !
EH BIEN, VOTRE KEBAB, IL ÉTAIT TELLEMENT MAGNIFIQUE QUE JE L'AI CHOISI POUR ILLUSTRER LA NOUVELLE DEVANTURE !
VOUS VERREZ, QUAND VOUS PASSEREZ DEVANT LE RESTAURANT D'ICI DEUX SEMAINES, VOUS POURREZ DIRE :
C'EST MON KEBAB SUR LA PHOTO ! J'Y ÉTAIS !
LE KEBAB HISTORIQUE...
PUTAAAIN
EXACTEMENT. HISTORIQUE.
DE RETOUR CHEZ MOI, J'AI PHOTOGRAPHIÉ À MON TOUR LE KEBAB :
C'EST DINGUE, CETTE HISTOIRE...
C'EST COMME SI BIC AVAIT DIT À HEMINGWAY : "HÉ ! TON STYLO, ÇA TE DÉRANGE SI ON L'UTILISE COMME MODÈLE POUR FAIRE NOTRE LOGO ?"
CLIC
MMH. PAS SÛR DE L'ANALOGIE, REMARQUE.
CLIC CLIC
DEUX SEMAINES PLUS TARD...
ET IL ÉTAIT COMMENT, CE KEBAB ?
FROID, DU COUP.
HISTORIQUE, MAIS FROID.
OUI, BAH UN KEBAB, QUOI.
TIENS, TU VOIS ?
LA DEVANTURE EN FACE ! ET REGARDE SUR MON TEL !
À LA TOMATE PRÈS, PUTAIN.
TOURNE, JE VOIS PAS BIEN.
À CÔTÉ DE CHEZ TOI EN PLUS !
JE SAIS PAS, C'EST PAS ÉVIDENT... EN MÊME TEMPS, TON KEBAB, IL RESSEMBLE À N'IMPORTE QUEL KEBAB !
C'EST PAS LA MÊME BOÎTE QUI FAIT LES DEVANTURES DE TOUS LES KEBABS D'AILLEURS ?
BOH, REMARQUE, SI TU LE DIS.
QUOI SI J'LE DIS ?! ET LA TOMATE ALORS, C'EST PAS UNE PREUVE ?
T'ES JALOUSE DE MON KEBAB HISTORIQUE, C'EST ÇA ?
MAIS NOON. ALLEZ, VIENS.
POUR UNE FOIS QU'IL M'ARRIVE UN TRUC EXCEPTIONNEL !
Lon.

LE PAIN EXPRESS
DE 18H!
CHAUD DEVANT!
(SUGGESTION DE PRÉSENTATION)
DU PAIN ? ON PEUT PAS FAIRE MOINS COMPLIQUÉ ? JE SUIS PAS UN PRO DE LA CUISINE... ET Y A UNE BOULANGERIE JUSTE EN BAS DE CHEZ MOI...
C'EST UNE RECETTE TRÈS FACILE, QUI SE FAIT EN MOINS D'UNE HEURE, CUISSON COMPRISE !
AH OK, MAIS IL Y A BESOIN D'UNE MACHINE À PAIN, C'EST ÇA ? C'EST BÊTE, J'AI VENDU LA MIENNE IL Y A QUELQUES MOIS...
JE ME DÉBARRASSE DE TOUT EN CE MOMENT !
BONNE NOUVELLE : PAS BESOIN DE MACHINE À PAIN.
AH OUAIS, SUR INSTA, TOUT LE MONDE ESSAYE DE FAIRE DU LEVAIN, ÇA A L'AIR TENDU !
#SOURDOUGH
PIS J'AI PAS D'ENFANTS... C'EST PAS POUR ÉLEVER DES BACTÉRIES !
PAS BESOIN DE LEVAIN NON PLUS, NI MÊME DE LEVURE.
ET HEU... Y A DU GLUTEN ? NON, PARCE QUE JE LE TOLÈRE PAS...
...ENFIN HEU... JE CROIS.
ALORS PAR CONTRE, OUI, IL Y A DU GLUTEN. PLEIN, MÊME.

LA LÉGENDE RACONTE QUE QUATRE LEPRECHAUNS FACÉTIEUX L'ONT PÉTRI UN SOIR DE PLEINE LUNE AVEC UN PEU DE FARINE DE TRÈFLE ET QUE S'APPELERIO QU...
OH ! ENCORE UN TITRE !
IRISH SODA BREAD
POINT DE LEVURE ICI...
...JUSTE UN PEU DE POUDRE DE PERLIMPINPIN !
NON, BON... EN RÉALITÉ, CETTE RECETTE DE PAIN FUT ÉLABORÉE EN IRLANDE VERS 1840, APRÈS QU'UNE MYSTÉRIEUSE POUDRE SE RÉPANDIT, TELLE UNE TRAÎNÉE, À TRAVERS TOUT LE ROYAUME-UNI...
WHÔÂ ! ÇA ENVOIE, CE TRUC !
WÉÉÉ, CHÉPEER !
ET SI ON EN FAISAIT DU PAIN ?
WÉÉ !
LE BICARBONATE DE SOUDE.
J'T'AI PRIS ÇA CHEZ LE DROGUISTE... Y PARAÎT QU'ÇA FAIT DRÔLEMENT GAGNER DU TEMPS POUR LE MÉNAGE.
OH BRÓNACH ! TU AS DONC ÉTÉ SENSIBLE À NOTRE DISCUSSION SUR LA CHARGE MENTALE !
HEE OUI.
AH OUIII, LE BICARBONATE DE SODIUM !
J'UTILISE ÇA COMME DÉO, MOI...
ON VA METTRE DU DÉO DANS LE PAIN ?
EH BIEN HEU... OUI, EN QUELQUE SORTE. POUR FAIRE UN PAIN D'UNE VINGTAINE DE CENTIMÈTRES DE DIAMÈTRE, IL FAUT :
JE PEUX VENIR ?
DÉSOLÉ, ON EST COMPLET.
250 G DE FARINE T110
125 ML D'EAU
1 YAOURT DE 125 G
1/2 CUILLÈRE À CAFÉ DE BICARB DÉO (2,5 G)
1/2 CUILLÈRE À CAFÉ DE SEL (3 G)
PFFF ! VOUS LE FAITES EXPRÈS ? JE ME SUIS DÉBARRASSÉE DE MA YAOURTIÈRE LA SEMAINE DERNIÈRE !
JE M'EN SERVAIS PLUS DEPUIS DES LUSTRES !
S'IL VOUS RESTE DEUX SALADIERS, C'EST LE MOMENT DE VOUS EN SERVIR :
1 MÉLANGEZ LA FARINE, LE SEL ET LE BICARBONATE DE SOUDE D'UN CÔTÉ...
...ET MÉLANGEZ L'EAU ET LE YAOURT DE L'AUTRE.

2 MÉLANGEZ TOUS LES INGRÉDIENTS ENSEMBLE À L'AIDE D'UNE CUILLÈRE À SOUPE ET ARRÊTEZ DÈS QUE LA FARINE EST ABSORBÉE:
CONSEIL DE PRO: MÉLANGEZ LE MOINS POSSIBLE.
(VOUS N'ÊTES PAS OBLIGÉ D'UTILISER UN TROISIÈME SALADIER, C'ÉTAIT JUSTE POUR QUE ÇA FASSE JOLI SUR MON DESSIN.)
VOUS ALLEZ AINSI OBTENIR UNE SORTE DE PÂTE QUE VOUS ALLEZ POSER SUR UN PLAN FARINÉ
UNE SORTE DE PÂTE.
3 APLATISSEZ-LA LÉGÈREMENT ET PLIEZ-LA COMME SI VOUS ESSAYIEZ DE FAIRE UNE COCOTTE EN PAPIER RATÉE:
RETOURNEZ-LA ET FAÇONNEZ UNE SORTE DE BOULE:
UNE SORTE DE BOULE.
MAIS C'EST HYPER DUR! JE... J'AI PAS FAIT DE COCOTTE DEPUIS QUARANTE ANS!! ET ÇA COLLE AUX DOIGTS, CETTE SALOPERIE!
AH BON? POURTANT, MÊME MOI, J'Y ARRIVE... ET CROYEZ-MOI, JE SUIS NUL EN PÂTISSERIE... BREF,
4 APLATISSEZ À LA MAIN CETTE BOULE DE FAÇON À OBTENIR UNE GALETTE DE 2 CM D'ÉPAISSEUR:
2 CM
À L'AIDE D'UN COUTEAU-SCIE, TRACEZ UNE CROIX PROFONDE D'ENVIRON 1 CM SUR VOTRE PAIN:
GROS DOUTE SUR L'INSTAGRAMABILITÉ DE CETTE RECETTE... ON DIRAIT UNE GROSSE BOUSE BLANCHE, CE TRUC...
#WIP
#DIY
EFFECTIVEMENT, MIEUX VAUT DÉGAINER SON TÉLÉPHONE APRÈS L'ÉTAPE
5 ENFOURNEZ VOTRE PAIN À FOUR CHAUD, 180 °C, POUR ENVIRON TRENTE MINUTES...
PAPIER SULFURISÉ
... EN TOURNANT LA PLAQUE À MI-CUISSON.
PHILIPPE T.
180 °C, PLUS QU'UNE TEMPÉRATURE, C'EST AUSSI UN MAGAZINE SUR LA BOUFFE AVEC CE TRIMESTRE UN S ÊCHE AUX TE
PUBLI-INFORMATION
180°C
6 VOTRE PAIN EST PARFAITEMENT CUIT QUAND, LORSQUE VOUS LE RETOURNEZ, IL SONNE CREUX:
TOC! TOC!
OUI? ENTREZ!
SI CE N'EST PAS LE CAS, PROLONGEZ LA CUISSON DE QUELQUES MINUTES. ENFIN, SORTEZ-LE DU FOUR, EMBALLEZ-LE DANS UN TORCHON ET LAISSEZ-LE TRENTE MINUTES DANS UNE COCOTTE FERMÉE:
30'
VUE D'ARTISTE
ET VOILÀ! VOTRE PAIN EST PRÊT À ÊTRE DÉGUSTÉ! IL PEUT SE CONSERVER DANS SON TORCHON PENDANT TROIS OU QUATRE JOURS.
VOUS TROUVEREZ QUE C'EST LE MEILLEUR PAIN QUE VOUS AYEZ JAMAIS MANGÉ (ÇA FAIT TOUJOURS ÇA QUAND ON RÉUSSIT SON PAIN).
AU MÊME MOMENT, OVER THE RAINBOW...
FFSHH! LEPRECHAUN POWAA!!
I'M A PITBULL TERRIER!
Thug
Lon.

du TERRORISME en GÉNÉRAL et des CHAMPIGNONS en PARTICULIER
TOUT LE MONDE (EN FRANCE DU MOINS) SE SOUVIENDRA DE CE QU'IL FAISAIT LE SOIR DU 13 NOVEMBRE 2015, DE MÊME QUE LE 11 SEPTEMBRE 2001 ET DANS UNE MOINDRE MESURE, LE JOUR DE LA MORT DE MICHAEL JACKSON.
JE M'EN SOUVIENS SUPER BIEN (EN MÊME TEMPS, C'ÉTAIT LA SEMAINE DERNIÈRE), J'ÉTAIS À LA CAMPAGNE, À MILLE MILLES DE TOUTE TERRE HABITÉE, AVEC MA COPINE.
À UN MOMENT, ELLE A ALLUMÉ LA TÉLÉ... J'EN AI PAS CHEZ MOI, ALORS DÈS QUE J'EN VOIS UNE, INÉVITABLEMENT, JE LA REGARDE.
ATTENTA BATACL MORT
LE LENDEMAIN, ON EST PARTIS RAMASSER DES CHAMPIGNONS.
LES ROUGES AVEC LES POINTS BLANCS, C'EST BON?
NOON! LES GRIS! CEUX QUI RESSEMBLENT À DES PIERRES!
AH OK... LES BONS, CE SONT DONC PAS CEUX QUI RESSEMBLENT À DES CHAMPIS.
POUR MOI, C'ÉTAIT LA PREMIÈRE FOIS.
TU CROIS QUE JE DEVRAIS FAIRE UNE HISTOIRE SUR LES ATTENTATS?
BOH... TU VOUDRAIS DIRE QUOI?
CHAIS PAS.
DES TRUCS.
DIS PLUTÔT DES TRUCS SUR LES CHAMPIGNONS!
Guide EXPRESS DU CHAMPIGNON À L'USAGE DU NÉOPHYTE
QUAND ÇA RESSEMBLE À UN CHAMPIGNON DE DESSIN D'ENFANT:
C'EST PAS BON.
QUAND ÇA RESSEMBLE À UN CAILLOU:
C'EST BON.
QUAND ÇA NE RESSEMBLE NI À UN CAILLOU, NI À UN CHAMPI...
IL VAUT MIEUX DEMANDER À QUELQU'UN QUI S'Y CONNAÎT.
OUAIS... J'AI UNE IDÉE MAIS EN UNE CASE, C'EST TROP SHORT...
MAIS POURQUOI JE POURRAIS PAS PARLER DES ATTENTATS?
MON AVIS N'EST P
T'AS DÉJÀ UN AVIS?
BAH
NON, MAIS CHUIS UN ARTISTE, JE TE SIGNALE!
J'ESSAYE DE TRANSCE LA RÉA
HA! HA!
OUI, BEN MARRE-TOI! JE SUIS SÛR QUE Y A DÉJÀ DES DESSINATEURS QUI ONT FAIT DES HOMMAGES SE
VAZY, BALANCE TON IDÉE.
ATTENDS, AVANT: C'EST COMESTIBLE, ÇA? C'EST UN CAILLOU MOU MAIS ÇA RESSEM
ÇA PUE?
HEU... OUAIS UN PEU.
AH ÇA DO ÊTRE UNE CR DE BICHE

BON...
EN FAIT, JE PENSAIS FAIRE UN TRUC EN UNE PAGE SUR LE PETIT CAMBODGE, TU SAIS, LES BO BUN...
OUAIS.
J'Y ÉTAIS ALLÉ AVEC LÉO ET LESLIE.
BREF.
J'VOYAIS BIEN UNE VOIX OFF AVEC DES DESSINS DE L'INTÉRIEUR DU RESTO,
DES DÉTAILS... BON, JE TROUVERAIS BIEN DES IMAGES SUR INTERNET... LA VOIX DIRAIT QUE J'AVAIS L'HABITUDE DE FRÉQUENTER CET ENDROIT.
ON VERRAIT QUE DES DÉCORS VIDES.
AH BON? MAIS TU Y ES ALLÉ COMBIEN DE FOIS?
CHAIS PAS... DEUX OU TROIS.
NON MAIS ON S'EN FOUT.
ET POURQUOI TU VEUX TOUT FAIRE VIDE?
PARCE QUE C'EST PLUS FACILE À DESS... POUR LA MÉTAPHORE!
ET DONC... OÙ J'EN ÉTAIS... AH OUI, ALORS À LA FIN DE LA PAGE, ON VERRAIT UN
BIDIBIDIP BIDIBIDIP BIDIBIDIP
ATTENDS DEUX SECONDES C'EST MA...
OUI, MAMAN?
OUAIS. OUAIS.
UN BO BUN.
BAH J'AI VU, OUAIS.
JE TE DIS APRÈS...
OUAIS.
NON, À LA CAMPAGNE.
OUAIS.
OUAIS, PAS DE RISQUE, ON RAMASSE DES CHAMPIS.
NON! JE DIS PAS QUE C'EST SANS RISQUE DE RAM... VOILÀ. OUAIS.
QUOI?
BAH, CEUX QUI RESSEMBLENT À DES CAILLOUX.
NON, AU PIRE, ON LES MONTRE À TATA MAGUY.
BAH OUI, CHUIS PAS DÉBILE!
OUAIS.
UNE?
UNE RECETTE POUR LES CHAMPIGNONS? AH, MAIS OUI! TA FAMEUSE RECETTE DE...
BOCAL DE CHAMPIGNONS AU VINAIGRE
OUAIS... JE NOTE MENTALEMENT... IL FAUT:
DES CHAMPIGNONS DONC, PAR EXEMPLE, DES:
CHANTERELLES
LACTAIRES DÉLICIEUX
PETITS GRIS
PIEDS-DE-MOUTON
DES BOCAUX (PROPRES)
UN (BON) VINAIGRE DE VIN OU DE XÉRÈS
SEL ET POIVRE
UN OU DEUX OIGNONS
UNE (BONNE) HUILE D'OLIVE
DE LA SAUGE

① BIEN TRIER ET LAVER LES CHAMPIGNONS ET COUPER EN MORCEAUX LES PLUS GROS :
LA TAILLE IDÉALE DE CES MORCEAUX, C'EST CELLE QUI VA BIEN POUR PIQUER AVEC UN CURE-DENT :
TROP PETIT
PARFAIT
TROP GRAND
PUIS FAIRE REVENIR LES CHAMPIGNONS À LA POÊLE DANS UN PEU D'HUILE D'OLIVE.
MAIS ON LES FAIT REVENIR À FEU VIF ? OK, PLEIN GAZ... ET... JUSQU'À QUAND ?
JUSQU'À CE QU'ILS AIENT RENDU TOUTE LEUR EAU.
C'EST NOTÉ.
OUAIS.
QUOI ? ÇA PASSE MAL ICI.
SI, J'EN FERAI P'TÊT UNE HISTOIRE POUR ABAM MAIS J'AIMERAIS AUSSI PARLER DES ATTENTATS... ALLÔ ?
OUI, DONC... AVANT QUE MA MÈRE RAPPELLE... OÙ J'EN ÉTAIS... AH OUI, VOILÀ :
JE FAIS TOUT LE TRUC AVEC LES DÉCORS DU RESTO ET BLABLABLA
ET DERNIÈRE CASE :
LÀ-BAS, LE BOBUN EST MORTEL.
AH... BAH NON, C'EST PAS DRÔLE.
OUAIS, MAIS C'EST PAS FAIT POUR FAIRE... ENFIN, C'EST PREMIER DEGRÉ QUOI.
OUAIS.
MAIS C'EST PAS UNE BONNE IDÉE.
ÇA VA PAS LE FAIR
BIDIBIDIP BIDIBIDIP
ATTENDS.
OUAIS... BAH J'AI QU'UNE BARRE ICI... BREF. QUOI ? NON MAIS ÇA VA, J'VAIS RIEN DIRE DE DANGER... OUI, JE FAIS ATTENTION.
MAIS OUI -HEU.
BAH J'AI UNE IDÉE MAIS J'PRÉFÈRE PAS ENCORE EN P...
OUAIS.
MAIS NON, J'FAIS PAS UN DESSIN VRAIMENT SUR LES ATTEN...
OUI, ÇA SERA SUBTIL.
OUI, JE T'ÉCOUTE.
② APRÈS QUE LES CHAMPIGNONS ONT RENDU LEUR EAU ET POUR UNE POÊLE D'ENVIRON 30 CM DE DIAMÈTRE, AJOUTER 3 VERRES À MOUTARDE D'HUILE D'OLIVE POUR UN DE VINAIGRE ET SALÉPOIVRER :
AJOUTER UN OU DEUX OIGNONS COUPÉS GROSSIÈREMENT AINSI QUE QUELQUES FEUILLES DE SAUGE :
VA CHIER BORDEL !!
③ LAISSER CUIRE À FEU DOUX ET À COUVERT VINGT MINUTES.
BRUIT IDÉAL →
FLFLPPFLPPLFP
COUVERCLE
(FAMEUSE VUE EN COUPE EXPLICATIVE © ABAM.)
MÉLANGE AFFLEURANT LE NIVEAU D'HUILE
OUAIS OK, ET APRÈS ?
AH, ÇA VA C...
ALLÔ ?
ALLÔ ?
PUTAIN... MA MÈRE, ELLE TROUVE QUE ÇA CRAINT DE DESSINER UN TRUC SUR LES ATTENTATS, ELLE A PE
ÇA CRAINT PAS EN SOI...
MAIS TON IDÉE, ÇA VA PAS. LES GENS VONT MAL LE PRENDRE.
MAIS SI C'EST SENSIBLE ET TOUT ?
MÊME.
ET PUIS... OK, ÇA RESTE DANS LE THÈME DE LA BOUFFE, MAIS JUSTEMENT...
JE ME SOUVIENS QUE TU DISAIS AVOIR MANGÉ LÀ-BAS IL Y A QUELQUES MOIS, ET QUE C'ÉTAIT "BON MAIS PAS TOP".
ET "CHER PARCE QUE PARIS".

Ramasser des champignons

SI VOUS CONNAISSEZ MON TRAVAIL, VOUS SAVEZ L'AVERSION QUE J'AI POUR CE... CE MACHIN...
J'EN REVIENS PAS DE LE TOUCHER!
CE PRÉTENDU LÉGUME...
LA BLETTE.
HAUTEMENT TOXIQUE* OUI!
*"LA MENACE BLETTE", SONIA EZGULIAN, ÉD. MONGO.
ENFIN... JE DOIS AVOUER ICI (JE CONNAIS LE TIRAGE TRÈS CONFIDENTIEL DE CE LIVRE) QU'IL M'EST ARRIVÉ DE... DE MANGER DES...
DE MANGER DES BLETTES.
ET J'AI SURVÉCU.
J'AI MÊME APPRÉCIÉ.
BIEN SÛR, J'EN AI MANGÉ À MES DÉPENS! J'ÉTAIS INVITÉ À MENTON CHEZ JOSIANE, LA MÈRE D'UNE AMIE... ELLE CONNAISSAIT MAL MON OEUVRE ET M'A SERVI CES PETITS RAVIOLIS EN GUISE D'APÉRO...
J'AI CRU MOURIR QUAND J'AI SU À QUOI ILS ÉTAIENT FARCIS!
J'EN AI REPRIS TROIS FOIS... PAR POLITESSE!
VOICI POUR VOUS LA RECETTE DES... HEM, DÉLICIEUX...
BARBAJUANS
OUHLÀLÀ LES BARBAJUANS, C'EST TOUTE UNE HISTOIRE!
EN ITALIE, DANS LA VALLÉE DE LA NERVIA, ON APPELLE ÇA DES "BARBAGIUAI".
LA FARCE EST À BASE DE COURGE, DE BRUSSO, DE RIZ ET DE MARJOLAINE.
ICI À MENTON, ON LES FARCIT AUX BLETTES! BARBAJUAN VEUT DIRE "ONCLE JEAN" EN PATOIS MONÉGASQUE.
JOSIANE
C'EST LE VILLAGE DE CASTELLAR QUI REVENDIQUE LA PATERNITÉ DE LA RECETTE! QUELLE PAGAILLE!
BON, ENFIN... IL NE FAUT PAS OUBLIER QUE TOUTES CES RÉGIONS FORMAIENT LES ÉTATS DE SAVOIE JUSQU'EN 1860...
MA RECETTE S'INSPIRE DU LIVRE DE JACQUES MÉDECIN : LA CUISINE DU COMTÉ DE NICE.
AU FOND, PEU IMPORTE L'ORIGINE DES BARBAJUANS.
SCRUNCH! CROUNCH!
CE QUI COMPTE, C'EST QUE C'EST BON!
AH! UNE DERNIÈRE CHOSE AVANT D'ATTAQUER... N'ÉCOUTEZ PAS L'AUTEUR DE CES PAGES. LA BLETTE N'EST PAS TOXIQUE! J'EN MANGE DEPUIS SOIXANTE ANS ET JE N'AI JAMAIS EU LE MOINDRE SOUCI...
BIEN SÛR, SEULES LES FEUILLES SE CONSOMMENT!
LES CÔTES SONT TRÈS DANGEREUSES POUR LA SANTÉ*...
N'OUBLIEZ PAS DE LES JETER, VOIRE DE LES BRÛLER!
* "FAUT-IL BRÛLER LES BLETTES?", SONIA EZGULIAN, ÉD. LÉPUR.
BIEN! ALORS, POUR FAIRE LA PÂTE DES BARBAJUANS, VOUS AUREZ BESOIN DE :
600 G DE FARINE
1 OEUF
1 CUILLÈRE À SOUPE D'HUILE D'OLIVE
1 VERRE D'EAU TIÈDE
DU SEL
ET POUR FAIRE LA FARCE, IL VOUS FAUDRA LES INGRÉDIENTS SUIVANTS :
2 OEUFS
1 OIGNON
SEL ET POIVRE
1 GOUSSE D'AIL
100 G DE RIZ
100 G DE PARMESAN RÂPÉ
2 GROSSES BOTTES DE BLETTES
50 G DE FROMAGE DE CHÈVRE FRAIS (FACULTATIF)

1 COMMENCEZ PAR LA PÂTE. SUR VOTRE PLAN DE TRAVAIL, FAITES UNE FONTAINE AVEC LA FARINE. VERSEZ AU CENTRE L'OEUF, L'HUILE D'OLIVE, L'EAU TIÈDE AINSI QU'UNE BONNE PINCÉE DE SEL :
2 PÉTRISSEZ LA PÂTE QUELQUES MINUTES EN AJOUTANT UN PEU DE FARINE OU D'EAU AU BESOIN, AFIN D'OBTENIR UNE CONSISTANCE FERME ET LISSE :
NON
OUI
ENVELOPPEZ LA PÂTE DANS DU FILM ALIMENTAIRE ET LAISSEZ-LA REPOSER AU FRAIS DEUX BONNES HEURES...
Z
3 CONTINUEZ AVEC LA FARCE ; PRÉLEVEZ LA PARTIE VERTE DES BLETTES ET JETEZ LES CÔTES À LA POUBELLE EN PRENANT BIEN SOIN DE VOUS DÉSINFECTER LES MAINS APRÈS :
FAITES-LES BLANCHIR QUELQUES MINUTES DANS DE L'EAU BOUILLANTE SALÉE, PUIS ÉGOUTTEZ-LES ET LAISSEZ-LES REFROIDIR :
4 PRESSEZ FORTEMENT ENTRE VOS MAINS LES FEUILLES DE BLETTES POUR ÉLIMINER L'EXCÉDENT D'EAU, PUIS HACHEZ-LES :
DANS UNE POÊLE, FAITES REVENIR L'AIL ET L'OIGNON ÉMINCÉS DANS UN FILET D'HUILE D'OLIVE, PUIS AJOUTEZ LE RIZ :
5 FAITES CUIRE LE RIZ COMME UN RISOTTO, EN AJOUTANT AU FUR ET À MESURE DE L'EAU (ENVIRON 203 ML) :
TSHH
TSHH
QUAND IL EST PRÊT, RETIREZ LA POÊLE DU FEU ET AJOUTEZ LES BLETTES HACHÉES, LE PARMESAN RÂPÉ, LES OEUFS ET ÉVENTUELLEMENT LE FROMAGE DE CHÈVRE ÉMIETTÉ :
C'EST PRÊT !
SALÉPOIVREZ
6 CONFECTIONNEZ LES BARBAJUANS AINSI : FARINEZ VOTRE PLAN DE TRAVAIL ET ÉTALEZ UN MORCEAU DE PÂTE AU ROULEAU EN UNE LOOONGUE BANDE RECTANGULAIRE D'ENVIRON 13,7 CM DE LARGE ET 2 À 3 MM D'ÉPAISSEUR :
137 MM
3 MM
À L'AIDE DE DEUX PETITES CUILLÈRES, DÉPOSEZ DES NOIX DE FARCE SUR LA PARTIE INFÉRIEURE DE LA BANDE, EN LES ESPAÇANT TOUS LES 5,2 CM :
52 MM
7 À L'AIDE D'UN PINCEAU, HUMIDIFIEZ LA PARTIE SUPÉRIEURE DU RECTANGLE DE PÂTE ET RABATTEZ-LA SUR LA FARCE :
APPUYEZ BIEN AUTOUR DE CHAQUE TAS DE FARCE POUR SOUDER LES DEUX ÉPAISSEURS DE PÂTE ; AVEC UNE ROULETTE À PÂTISSERIE, DÉCOUPEZ CHAQUE RAVIOLI ET RÉSERVEZ-LES SUR UNE PLANCHE FARINÉE :
8 ENFIN, FAITES FRIRE VOS BARBAJUANS DANS UN BAIN D'HUILE NEUTRE BIEN CHAUDE (180°C) JUSQU'À CE QU'ILS SOIENT BIEN DORÉS :
HUILE NEUTRE
YODELALAÏIOOO
ÉGOUTTEZ-LES ET DÉPOSEZ-LES SUR DU PAPIER ABSORBANT :
♪ TO KISSS ME FOREVER ÉCRIT AU LIPSTICK ♪
BIEN DORÉ
ALORS ? C'EST BON, LES BLETTES
OUI OH ÇA VA, ON A COMPRIS !
JE SUIS SÛR QU'IL Y A MOYEN D'AMÉLIORER LA RECETTE AVEC DE L'ÉPINARD À LA PLACE.
lon.

QUE
RET
ARO
L'AVENTUREU MEXICAINEU♪
SOUS LE SOLEIL DE MEXICOO♪

SPICILÈGE CULINAIRE

Mexicain

NOVEMBRE 2019. QUELQUES MOIS AVANT QUE LA PANDÉMIE DE COVID-19 NE SE RÉPANDE À TRAVERS LE MONDE, JE SUIS INVITÉ PAR L'ALLIANCE FRANÇAISE DE **QUERÉTARO** À PASSER DEUX SEMAINES AU MEXIQUE POUR PARLER DE MON TRAVAIL ET ANIMER DES ATELIERS DE DESSIN :

QUATRE ANS PLUS TARD, ~~À CAUSE DE LA NAISSANCE DE MON DEUXIÈME ENFANT PARCE QUE LE CONFINEMENT CAR J'AVAIS LA FLEMME~~ À LA SUITE DE DIVERS CONTRETEMPS, VOICI LE RÉCIT NON EXHAUSTIF DE CE VOYAGE... IL EST DIVISÉ EN CHAPITRES ET LA CHRONOLOGIE N'EST PAS RESPECTÉE SAUF DANS CET AVANT-PROPOS.

VOICI LA PREMIÈRE IMAGE QUE JE GARDE DU MEXIQUE, APRÈS ONZE HEURES D'AVION ET PENDANT LES QUATRE HEURES DE BUS QUI SÉPARENT MEXICO DE QUERÉTARO : UN PANORAMA DÉSERTIQUE ÉCLAIRÉ PAR LA LUNE, PARSEMÉ DE MILLIERS DE PETITES HABITATIONS ILLUMINÉES, SEMBLABLES À DES ÉTOILES PEUPLANT UNE GALAXIE ET HEU... HOULÀ ! FAUT QUE J'ARRÊTE DE NOTER MES PENSÉES EN REGARDANT DÉFILER LE PAYSAGE, J'ÉCRIS QUE DE LA MERDE.

LES PERSONNAGES PRINCIPAUX DE CE RÉCIT SONT :
T'ES SÛRE QU'ON VA PAS MOURIR LÀ-BAS ?
MEU NOON !
ON VA MANGER DES TACOS DE OUF !
JE VAIS VOUS EMMENER PARTOUT !
ENFIN, SAUF À CELAYA.
TU PEUX PRENDRE UNE BALLE EN PLEIN CENTRE-VILLE !
AH OUI, À CAUSE DES HUACHICOLEROS, MAIS PERSO, J'EN AI JAMAIS VU...
VOUS ALLEZ VOIR, ON MANGE TROP BIEN ICI !
MOI
CURIEUX ET TÉMÉRAIRE.
CLAIRE
~~QUI PROFITE~~ MA FEMME.
YANN
LE DIRECTEUR DE L'ALLIANCE (QUI A REMUÉ CIEL ET TERRE POUR NOUS FAIRE VENIR).
MARIELLE
LA RESPONSABLE CULTURE DE L'ALLIANCE QUI NOUS EMMÈNE PARTOUT AVEC SON GROS PICK-UP.
QUAND ON ARRIVE À QUERÉTARO, IL EST MINUIT, ON EST CREVÉS MAIS
ON VOUS ATTENDAIT POUR MANGER ! ON FILE À LA CELESTINA, ILS FERMENT VERS 2 HEURES...
VOUS AVEZ FAIM ?
PORT IN
TACOS ? TOSTADAS ? ENCHILADAS ? TEQUILA ?
LA CELESTINA
MARIANO MATAMOROS 6_1
CENTRO QUERÉTARO
BON, C'EST PAS LE MEILLEUR RESTO DE LA VILLE, MAIS POUR LE PREMIER SOIR, J'AI FAIT AU PLUS SIMPLE !
Y A DES BEIGNETS DE CALAMAR, DE POULET, DE LA PICAÑA, DES PITAS DE ARRA...
BIEN BIEN.
ZZZ
JE PEUX DEMANDER AUTRE CHOSE HEIN !
BON, SINON... POUR LES DEUX SEMAINES QUI ARRIVENT, J'Y SUIS ALLÉ COOL SUR LES ATELIERS... JE CONNAIS TES CARNETS DE VOYAGE : TU FAIS QUE BOUFFER.
MAIS C'EST UN PARTI PRIS !
TU VAS MANGER.
M. MAIS QUOI ?
TOUT.
VICTORIA
HOT SAUCE
PICAÑA ASADA
AROS DE CALAMAR FRITOS
TOTOPOS
GUACAMOLE
TOUT. VOUS ALLEZ TOUT MANGER PENDANT DEUX SEMAINES ! QUERÉTARO, C'EST CENTRAL, Y A TOUT LE MEXIQUE ICI !! VOUS ALLEZ MANGER...
TOUT LE MEXIQUE !
PLUS TARD, CHEZ YANN...
TOUT LE MEXIQUE
TU AS DÉJÀ VU DES HUACHICOLEROS, TOI ?
Z DORS.

SANTIAGO DE QUERÉTARO, DANS MA TÊTE, C'EST UN PETIT VILLAGE PERDU DANS LA STEPPE AVEC DES MAISONS BIGARRÉES AUX MURS DE TERRE CUITE...
EN VRAI, C'EST UNE AGGLOMÉRATION DE 2 MILLIONS D'HABITANTS AVEC UN CENTRE HISTORIQUE TYPIQUE ET DES GROS BUILDINGS AFFREUX:
MAIS TRÊVE DE CONSIDÉRATIONS ARCHITECTURALES, LA GASTRONOMIE MEXICAINE, ÇA DONNE QUOI?
1 DES ALIMENTS INCONNUS
C'EST LA CHOSE QUE JE PRÉFÈRE QUAND JE VOYAGE À L'ÉTRANGER : DÉCOUVRIR DE NOUVEAUX ALIMENTS!
... ET AUSSI DÉVALISER LES SUPERMARCHÉS, BIEN SÛR!
LE JICAMA C'EST UN LÉGUME RACINE QU'ON CONSOMME SANS LA PEAU, CUIT OU CRU. JE L'AI DÉCOUVERT À L'APÉRO EN BÂTONNETS CROQUANTS, ARROSÉS DE JUS DE CITRON VERT ET SAUPOUDRÉS DE PIMENT.
ON DIRAIT DU RADIS, C'EST EXCELLENT!
ACCOMPAGNÉS D'UNE BIÈRE VICTORIA, C'EST LE MARIAGE PARFAIT.
VERT JAUNE
LE CHERIMOYA
EST UN FRUIT À LA CHAIR BLANCHE SOYEUSE AVEC DES GROS PÉPINS NOIRS. SON GOÛT SE SITUE ENTRE LA BANANE ET LA POIRE... D'HABITUDE, JE SUIS PAS DINGUE DE FRUITS (CERISES ET GRENADES EXCEPTÉES) MAIS CELUI-LÀ, JE L'ADORE!
DOUANE FRANÇAISE
PAR CONTRE, IMPOSSIBLE D'EN RAPPORTER EN FRANCE, IL S'ABÎME DÈS QU'IL REÇOIT LE MOINDRE CHOC.
QU'EST-CE QUE C'EST?
UN MEXICAIN QUI BOIT UNE VICTORIA.

L'AGUACATE CRIOLLO

IL Y A PLEIN DE VARIÉTÉS D'AVOCATS AU MEXIQUE, PLUS DÉLICIEUSES LES UNES QUE LES AUTRES, **MAIS** L'AVOCAT CRIOLLO A CETTE PARTICULARITÉ QU'ON PEUT MANGER SA PEAU, FINE ET LISSE... ELLE A LE GOÛT... DE L'OEUF DUR!

LE TEJOCOTE

C'EST UNE ESPÈCE D'AUBÉPINE QUI RESSEMBLE À UNE POMME ORANGÉE. SA CHAIR EST FIBREUSE ET A UN GOÛT DE COING. ICI, ON L'UTILISE SURTOUT DANS LE **PONCHE**, UNE SORTE DE VIN CHAUD LOCAL.

LE PLÁTANO ROJO

EST UNE BANANE QUI EST... ROUGE. ELLE A LE GOÛT D'UN SMOOTHIE BANANE-FRAMBOISE.

CHEZ YANN ET SA FAMILLE (OÙ NOUS DORMONS), IL Y A TOUJOURS UN GRAND BOL REMPLI DE FRUITS CHELOUS ET VARIÉS.

LES TOMATILLOS

SONT DES FRUITS QUI RESSEMBLENT À DES PETITES TOMATES VERTES OU DES GROS PHYSALIS (C'EST LA MÊME MIFA). ON EN VOIT DES MILLIARDS PARTOUT SUR LES MARCHÉS:

Salsa Verde

- 3 JALAPEÑOS
- 2 GOUSSES D'AIL PELÉES
- 1 KG DE TOMATILLOS PELÉS ET LAVÉS
- 1 BOUQUET DE CORIANDRE
- 1/2 OIGNON

1. DANS UNE CASSEROLE, FAITES BOUILLIR LES TOMATILLOS, L'AIL ET LES JALAPEÑOS AVEC 3 VERRES D'EAU. RÉDUISEZ LE MÉLANGE UNE DIZAINE DE MINUTES À FEU FORT:

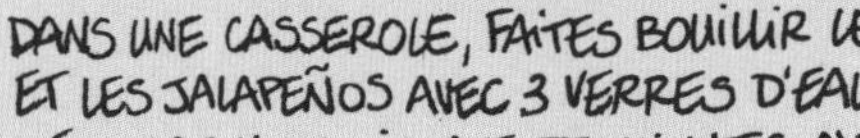

2. DANS UN BLENDER, MIXEZ LE TOUT. AJOUTEZ LA CORIANDRE ET L'OIGNON HACHÉS. MIXEZ À NOUVEAU:

3. FAITES REVENIR LE MÉLANGE DANS 3 CUILLÈRES À SOUPE D'HUILE NEUTRE PENDANT 10 MINUTES À FEU MOYEN. SALEZ.

C'EST PRÊT!

2 MANGER DANS LA RUE

ICI, COMME DANS TOUTE L'AMÉRIQUE LATINE, LES GENS MANGENT DEHORS, PARTOUT, TOUT LE TEMPS... ON TROUVE LE MEILLEUR COMME LE PIRE ! DÈS QU'IL Y A UNE GRANDE PLACE OU UN ENDROIT POPULAIRE (OU TOURISTIQUE), ON TROUVE CES ÉCHOPPES AMBULANTES TRÈS COLORÉES, LES **TIANGUIS.** ILS VENDENT, PAR EXEMPLE :

① ET ⑤ DE LA COMIDA CHATARRA OU MALBOUFFE (CHATARRA VEUT LITTÉRALEMENT DIRE "TAS DE FERRAILLE"). ÇA VA DES GROS CHEETOS ORANGE EMBALLÉS EN VRAC AUX SACHETS DE SNACKS SALÉS OU SUCRÉS. DE LA NOURRITURE BAS DE GAMME COLORÉE, PLASTIFIÉE ET BOURRÉE D'ADDITIFS ET CONSERVATEURS.

② LES ELOTES C'EST-À-DIRE DES ÉPIS DE MAÏS BOUILLIS, ENROBÉS DE MAYONNAISE, GARNIS DE FROMAGE ET ASSAISONNÉS DE PIMENT ET CITRON VERT. C'EST TRÈS BON ET TRÈS POPULAIRE AU MEXIQUE.

③ LES ESQUITES C'EST LA VERSION SALADE DES ELOTES. ILS SONT SERVIS DANS DES GOBELETS AVEC UNE CUILLÈRE JETABLE. DANS CERTAINES VILLES COMME MEXICO, ILS SONT GARNIS DE CHAPULINES !

④ ET ⑥ LE CHICHARRÓN : DE LA PEAU DE COCHON FRITE DANS DU SAINDOUX ET ASSAISONNÉE DE SEL ET POIVRE.

IL Y A AUSSI LES VENDEURS DE JUS DE FRUITS, INSTALLÉS UN PEU N'IMPORTE OÙ DÈS QU'IL Y A DE LA PLACE :
¡UN JUGO AL DÍA ES LA CLAVE DE LA ALEGRÍA!
JUGOS
- PIÑA
- NARA
- GUAYA
- PAPAY
- PLATA
- FRES
- TORO
JUGOS
ILS SERVENT DES JUS PURS ET DES AGUAS FRESCAS, DES FRUITS MIXÉS AVEC DE L'EAU OU DU LAIT ET DU SUCRE.
ORANGE GOYAVE FRAISE
ANANAS BANANE CITRON
PAPAYE CITRON CAROTTE ORANGE
CONCOMBRE CÉLERI CITRON PAMPLEMOUSSE
AU DÉTOUR D'UNE RUE
HÉ YANN! J'AI UNE SUPER BLAGUE SUR LA PAPAYE, JE VAIS TE LA FAIRE EN ESPAGNOL!
¿CÓMO SE RAMASSA COSECHA COSECHA LA PAPAYA?
...
¡CON UNA FOFORCHETTA!
TU VEUX DIRE HORCA?
¡UNA HOHORCA!
NON MAIS ELLE EST MIEUX EN FRANÇAIS, LAISSE TOMBER.
À 43 ANS JE DÉCOUVRE POUR LA PREMIÈRE FOIS COMMENT POUSSENT LES PAPAYES. QU'EST-CE QUE MON CERVEAU FAIT DE CETTE INFO ? UNE BLAGUE COMPLÈTEMENT RATÉE QUE YANN ÉCOUTE POLIMENT.
LES REZ-DE-CHAUSSÉE SONT TRÈS SOUVENT OCCUPÉS PAR DES BOUIS-BOUIS ÉPHÉMÈRES... COMME ICI, À SAN MIGUEL DE ALLENDE.
WÔÔÔ! REGARDE, ELLE TREMPE CARRÉMENT SES MAINS DANS L'HUILE BOUILLANTE POUR FAIRE LES TACOS! JE VAIS LA DESSINER!
PRENDS UNE PHOTO.
TU SAURAS JAMAIS FAIRE SES MAINS.
ELLE A DE LA CORNE SUR LES DOIGTS!
QU'EST-CE QUE C'EST ?
UN MEXICAIN QUI MANGE DU CHICHARRÓN

3 TACOS DE BIRRIA

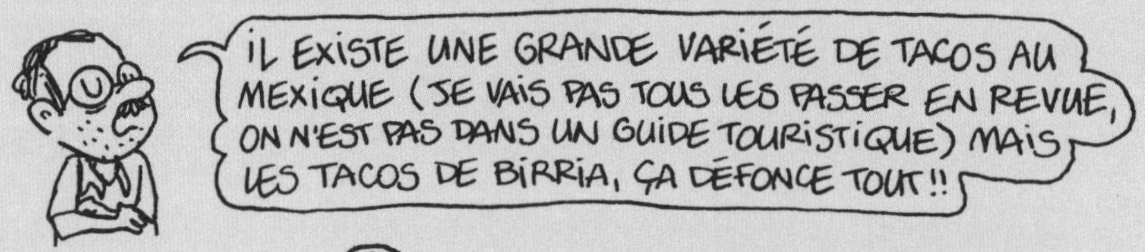

MURIELLE NOUS EMMÈNE À L'AUTRE BOUT DE LA VILLE POUR DÉGUSTER CETTE SPÉCIALITÉ DE JALISCO À BASE DE CHÈVRE OU DE BOEUF. ON ATTERRIT À :

(PASEO CONSTITUYENTES 1230 LOCAL 3
CORREGIDORA, QUERÉTARO)

LES TACOS DE BIRRIA SONT CONSTITUÉS D'UNE DOUBLE TORTILLA FRITE, GARNIE DE RAGOÛT DE BOEUF DÉLICIEUSEMENT ÉPICÉ (BEAUCOUP DE CUMIN) ET DE FROMAGE. ON TREMPE LE TACO DANS UNE SAUCE FAITE AVEC LE BOUILLON DU RAGOÛT:

ON TERMINE LE REPAS PAR UN

CAFÉ DE OLLA,

UNE BOISSON TYPIQUEMENT MEXICAINE : C'EST UNE SORTE D'INFUSION DE CAFÉ AVEC DE LA CANNELLE ET DU PILONCILLO, PRÉPARÉE DANS UN POT EN TERRE CUITE ET...

* VOIR "ABAM 1".

le Piloncillo

J'EN AI PAS PARLÉ DANS LE CHAPITRE ① PARCE QUE C'EST DU SUCRE (PRÉCISÉMENT, DU JUS DE CANNE À SUCRE CUIT À HAUTE TEMPÉRATURE ET MOULÉ EN ESPÈCE DE CÔNE DE CHANTIER). →

↳ CE QUI S'EST PASSÉ FINALEMENT.

④ BOTANIQUE ÉTHYLIQUE

ICI, ON CROISE TOUT UN TAS DE VARIÉTÉS D'AGAVES...

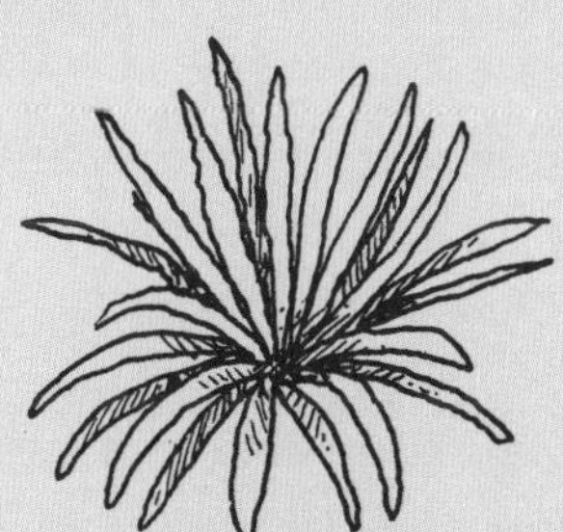

L'AGAVE BLEU EST RÉCOLTÉ À MATURITÉ (UNE DIZAINE D'ANNÉES) POUR EN EXTRAIRE LE JUS QUI SERA FERMENTÉ ET DISTILLÉ. SEULE CETTE VARIÉTÉ DONNE DE LA **TEQUILA**

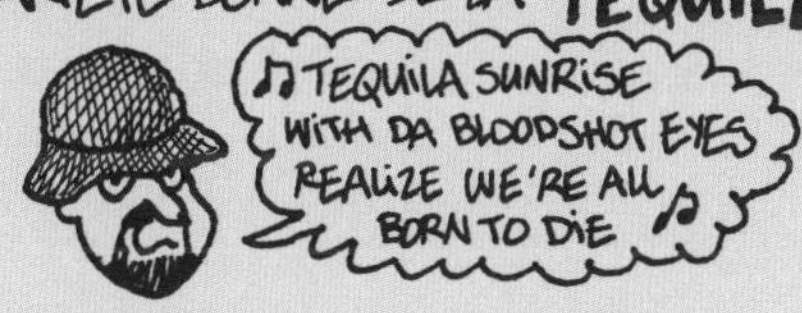

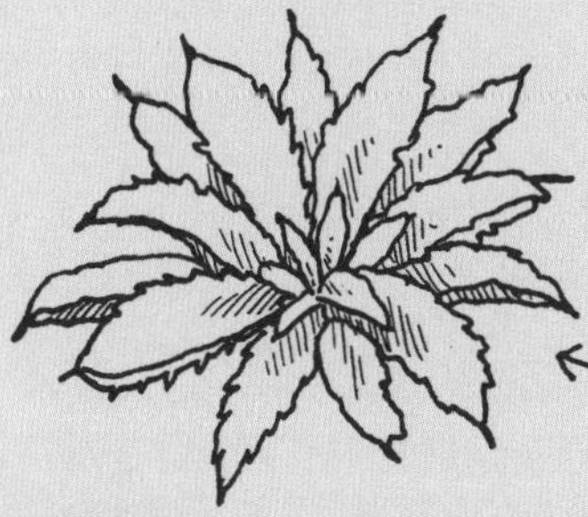

POUR LE **MEZCAL**, EN REVANCHE, N'IMPORTE QUELLE VARIÉTÉ D'AGAVE FAIT L'AFFAIRE, PAR EXEMPLE L'AGAVE POMME DE TERRE. SA FABRICATION EST GROSSO MODO IDENTIQUE À CELLE DE LA TEQUILA SAUF QUE L'AGAVE EST FUMÉ AVANT D'ÊTRE BROYÉ.

FAIT AMUSANT : LE MEZCAL **PECHUGA** FABRIQUÉ À **OAXACA** A CECI DE PARTICULIER QU'ON JETTE UNE CARCASSE DE POULET DANS L'ALAMBIC, CE QUI LUI DONNE UNE SAVEUR PARTICULIÈRE (BON À SAVOIR SI VOUS ÊTES VÉGAN).

J'ACHÈTE CETTE BOUTEILLE DE MEZCAL POUR SON ÉTIQUETTE QUE JE TROUVE SUBLIME.

5 CHILES

DIFFICILE DE PARLER DU MEXIQUE SANS PARLER DES PIMENTS... IL Y EN A PARTOUT, TOUT LE TEMPS. À L'INSTAR DES ITALIENS POUR QUI LA PASTA N'EST JAMAIS ASSEZ AL DENTE, LES MEXICAINS CONSOMMENT DES PLATS QUI NE SONT JAMAIS ASSEZ PIMENTÉS. VOICI LES DIFFÉRENTS PIMENTS CROISÉS LÀ-BAS :

POBLANO

UN GROS PIMENT VERT QUI RESSEMBLE À UN POIVRON. GÉNÉRALEMENT, IL EST PLUTÔT PEU PIQUANT (SAUF EXCEPTION DOULOUREUSE, C'EST LA LOTERIE). JE L'AI GOÛTÉ EN VERSION **CHILE RELLENO** (FOURRÉ AU FROMAGE ET FRIT EN BEIGNET, VOIR CHAPITRE 11) : UNE TUERIE !

ANCHO

VOILÀ LA VERSION ROUGE (CAR CUEILLIE À MATURITÉ) ET SÉCHÉE DU CHILE POBLANO. IL N'EST PAS PIQUANT COMME SON ALTER EGO. ET S'UTILISE BROYÉ DANS LES MARINADES, LES ENCHILADAS ET LA SALSA **ADOBO** (RIEN À VOIR AVEC PHOTOSHOP).

CASCA-BEL

JE TROUVE CE PIMENT EXTRÊMEMENT MIGNON. SI ON LE SECOUE, IL FAIT UN BRUIT DE GRELOT AVEC SES GRAINES (D'OÙ SON NOM). IL N'EST PAS TRÈS PIQUANT, C'EST LA VERSION SÉCHÉE DU **CHILE BOLA**. IL S'UTILISE RÉHYDRATÉ, HACHÉ FINEMENT DANS LES SAUCES OU LES RAGOÛTS COMME LA BIRRIA.

GUAJILLO

ENCORE UN PIMENT SÉCHÉ (LE **MIRASOL**) ASSEZ PEU PIQUANT. AU MEXIQUE, ON LE TROUVE PARTOUT : MARINADES, SAUCES, MOLE... C'EST UN PEU LE DERNIER PIMENT OÙ TU TE DIS : "AH EN FAIT, ÇA VA, JE GÈRE TROP BIEN LES PIMENTS MEXICAINS."

JALAPEÑO

CELUI-LÀ, C'EST MON PRÉFÉRÉ DE TOUS LES PIMENTS DU MEXIQUE ET DU MONDE ENTIER ! IL EST VERT BRILLANT, IL SE CONSOMME FRAIS EN SALADE, EN PICKLES, FRIT OU EN MARINADE. IL RELÈVE À MERVEILLE LES TACOS, CHILAQUILES, ETC. SON NIVEAU DE PIQUANT EST ÉLEVÉ (MAIS NE DURE JAMAIS TRÈS LONGTEMPS).

CHIPOTLE

VOICI UN JALAPEÑO MÛRI, SÉCHÉ ET FUMÉ ! IL EST ESSENTIELLEMENT UTILISÉ POUR PRÉPARER DES SAUCES TRÈS ÉPICÉES COMME LES **CHIPOTLES EN ADOBO**. CLAIRE EST DINGUE DU CHIPOTLE, ELLE EN MET PARTOUT À LA MAISON, MÊME DANS LES YEUX DE NOS ENFANTS QUAND ILS FONT DES BÊTISES (RÉSULTAT GARANTI !).

L'ÉCHELLE DE SCOVILLE

VOUS AVEZ PEUT-ÊTRE ENTENDU PARLER DE CE SYSTÈME DE MESURE DE LA FORCE DES PIMENTS, INVENTÉ EN 1912 PAR LE PHARMACOLOGUE WILBUR SCOVILLE. MAIS COMMENT ÇA MARCHE ? ON DILUE DU PIMENT FRAIS DANS DE L'EAU ET ON VOIT SI ÇA BRÛLE..., SI ON A BESOIN DE ZÉRO DILUTION, C'EST DU POIVRON. SI ON A BESOIN DE DEUX MILLIONS DE DILUTIONS, C'EST DU **CAROLINA REAPER** : UN DES PIMENTS LES PLUS FORTS DU MONDE. ENTRE LES DEUX, VOICI COMMENT SONT CLASSÉS LES CHILES MEXICANOS :

SERRANO

LÀ, ON RIGOLE DÉJÀ UN PEU MOINS. IL RESSEMBLE À UN JALAPEÑO MAIS EN PLUS PETIT, ET GÉNÉRALEMENT, PLUS UN PIMENT EST PETIT, PLUS IL EST FORT. ON L'UTILISE FRAIS, DANS LES SAUCES COMME LE **PICO DE GALLO**. IL SE CONSERVE EN PICKLES ET JE L'AI MANGÉ EN TACOS, ÇA TAQUINE BIEN LES GENCIVES.

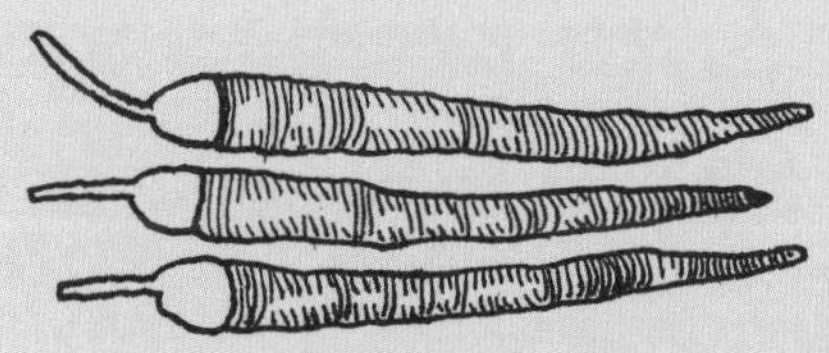

CHILE DE ÁRBOL

ROUGE, FIN ET LONG, CE "PIMENT D'ARBRE" (PARCE QUE SA PLANTE POUSSE PLUS HAUT QUE LES AUTRES VARIÉTÉS DE PIMENTS) SE CONSOMME FRAIS OU SEC. IL S'UTILISE DANS LES SAUCES, COMME LA DÉLICIEUSE **SALSA MACHA** À BASE DE CACAHUÈTES ET DE ON S'EN FOUT ON SENT PLUS RIEN.

HABANERO

VERT, JAUNE, ORANGE OU ROUGE, C'EST LE PIMENT LE PLUS FORT DU MEXIQUE ! ON L'UTILISE FRAIS, RÔTI OU EN SAUCE. J'EN AI GOÛTÉ "POUR VOIR" DANS UN PETIT RESTO DE SAN MIGUEL DE ALLENDE (VOIR CHAPITRE SUIVANT), ET APRÈS JE ME SUIS ÉVANOUI.

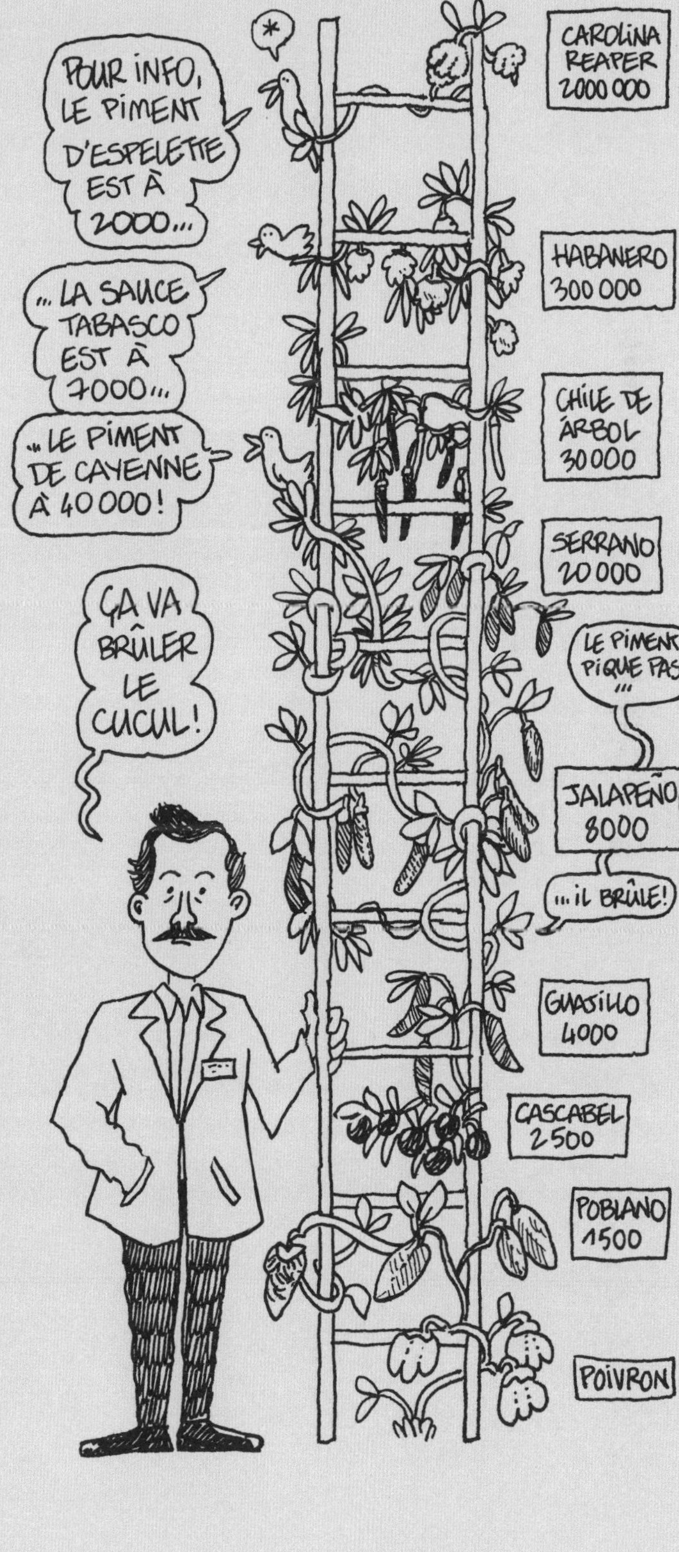

* LES OISEAUX NE SONT PAS SENSIBLES AU PIMENT.

6 ENCHILARSE

NOUS PASSONS UNE JOURNÉE À SAN MIGUEL DE ALLENDE (VOIR CHAPITRE 2), UNE MAGNIFIQUE VILLE CLASSÉE AU PATRIMOINE MONDIAL DE L'UNESCO.

ON MANGE DES TRUCS SYMPAS MAIS RIEN QUI VAILLE D'ÊTRE RACONTÉ DANS CE CARNET.

VERS 16 HEURES, ON TOMBE SUR UN TOUT PETIT RESTO PAR HASARD (LES MEILLEURS COMME LES PIRES) ET VU QU'ON MANGE N'IMPORTE QUAND ICI, ON DÉCIDE DE BOULOTTER UN EN-CAS...

EL MANANTIAL

BARRANCA 78, ZONA CENTRO
SAN MIGUEL DE ALLENDE

UN LIEU CURIEUX, ENTRE UN SALOON DE FAR WEST ET UN SALON DE TATOUAGES AVEC SES MURS NOIRS RECOUVERTS DE DESSINS BLANCS:

SUR NOTRE PETITE TABLE, IL Y A **3 SAUCES**

AU DÉBUT DU REPAS, LE SERVEUR (EN VOYANT NOS TÊTES DE TOURISTES) A LA GENTILLESSE DE NOUS AVERTIR :
(JE L'AI DESSINÉ COMME JOANN SFAR MAIS C'EST PAS LUI)
LA SAUCE VERTE, VOUS POUVEZ Y ALLER, LA ROUGE, FAUT AIMER QUAND ÇA ARRACHE ET LA JAUNE, C'EST...
JE VAIS VOUS L'ENLEVER, C'EST PLUS SÛR.
EN ESPAGNOL BIEN SÛR
JALAPEÑO
CHILE DE ÁRBOL (?)
HABANERO
ATTENDS, J'VAIS ESSAYER LA JAUNE POUR VOIR.
T'ES SÛR?
JUSTE UNE GOUTTE.
C'EST BON, J'VAIS PAS CLAMSER!
ÇA VA?
TRANQUILLE.
SÛR?
AHAHE HE HIS!
TU METS PLUS LES CONSONNES?
RRHKK
TU VEUX UN VERRE D'EAU?
RRHKRHRR!!
ATTENDS, JE FAIS UNE PHOTO D'ABORD!
RKHR!!!
TU FAIS LA MÊME TÊTE QUE LE JUGE DEMORT QUAND IL FOND DANS ROGER RABBIT!
~~QUAND JE REPRENDS CONNAISSANCE~~ ON DÉCIDE DE JOUER LA PRUDENCE ET NOUS NE TOUCHONS PAS À LA SAUCE JAUNE... APRÈS AVOIR MANGÉ NOS DÉLICIEUSES TOSTADAS, UN JEUNE MEXICAIN ENTRE DANS LE RESTO ET COMMANDE...
¡UN AGUACHILE DE CAMARÓN VERDE POR FAVOR!
MUY BIEN.
AH, JE VOULAIS TESTER L'AGUACHILE MAIS J'AVAIS TROP PEUR QUE ÇA ARRACHE!
IL EST OUF.
IL EST IMMUNISÉ PLUTÔT!
FLOOOUTCH!
SAUCE JAUNE
IL... IL VIENT DE S'EN METTRE COMME JE ME METS DE LA CHANTILLY SUR DES FRAISES!!
IL VA CREVER DEVANT NOUS!
IL EST IMMUNISÉ... J'ESPÈRE...
¡HRRRKK!
¡RHEUHEU HEURKK!
¡GHRRH!
¡RHGLBL!
LE PAUVRE... IL S'EST FAIT AVOIR...
HAA! JE VEUX PAS VOIR UN GARS CREVER!
RRHK!
HRR!
IL CONTINUE À MANGER SON PLAT!
DIS-MOI QUAND C'EST FINI!
LE SOIR, ON PARLE DE CET INCIDENT À YANN QUI NOUS DIT :
HAHA!
IL S'EST PAS DU TOUT FAIT AVOIR!
IL L'A FAIT EXPRÈS!
ICI, ON APPELLE ÇA "ENCHILARSE".
SE PIMENTER LA GUEULE!
LES MEXICAINS ADORENT ÇA!
MERCI LA VIE POUR CES ANECDOTES QUI REMPLISSENT MES CARNETS...
ZZZ

7 TORTILLAS & CIE
PFF!! ÉVIDEMMENT QUE J'AURAIS DÛ COMMENCER PAR CE CHAPITRE!
À 2 DOIGTS DE TOUT REFAIRE
LE MEXIQUE, C'EST LA TORTILLA!
EN PLUS, J'ARRÊTE PAS DE BOUFFER DES TOTOPOS DEPUIS QUE JE SUIS REVENU EN FRANCE...
SALUT! JE M'APPELLE MAÏCITO!
JE VAIS TE FAIRE DÉCOUVRIR L'UNIVERS FABULEUX DES... TORTILLAS!
IL S'AGIT D'UNE GALETTE PRÉPARÉE AVEC DU MAÏS. AU MEXIQUE, ON LA CONSOMME DEPUIS DES MILLÉNAIRES!
POUR FAIRE UNE TORTILLA, ON UTILISE DE LA MASA, UNE PÂTE OBTENUE AVEC DU MAÏS NIXTAMALISÉ!
LA NIXTAMALISATION EST UN PROCÉDÉ DATANT DE L'ÈRE PRÉCOLOMBIENNE QUI CONSISTE À MÉLANGER DU MAÏS BROYÉ À DE LA CHAUX OU DE LA CENDRE AFIN D'AUGMENTER SA VALEUR NUTRITIONNELLE!
POUR LES AMÉRINDIENS, C'ÉTAIT SURTOUT UNE QUESTION DE GOÛT!
AU XVe SIÈCLE, DES ~~SALOPARDS D'~~EUROPÉENS ONT SPOLIÉ NOS RICHESSES, NOTRE CULTURE ET NOTRE MAÏS!
MAIS ILS ONT OUBLIÉ LA NIXTAMALISATION!
RÉSULTAT : UNE ÉPIDÉMIE DE PELLAGRE AU XIXe SIÈCLE, UNE MALADIE QUI DONNE D'AFFREUSES DIARRHÉES, FAIT PERDRE LA PEAU ET PROVOQUE LA DÉMENCE!
HRRG...
PAS LA POLENTAA!
PROÔT!
KARMA IS A BITCH!
QU'EST-CE QUE C'EST?
UN ITALIEN QUI A MANGÉ TROP DE POLENTA NON NIXTAMALISÉE
SE VENDE
¡HOLA!
MAÏCITO
MASCOTTE "ÉPI DE MAÏS", ATTITUDE POSITIVE, CRÉE UNE VRAIE RELATION CLIENT, DYNAMISE VOTRE IMAGE DE MARQUE, ETC.
TRÈS BON ÉTAT (UTILISÉ UNE FOIS)
PRIX SYMPA
CONTACT: ABAMBLOG@GMAIL.COM

① LES TOTOPOS (CE QU'ON APPELLE LES TORTILLAS CHIPS). ILS SONT FAITS À PARTIR D'UNE TORTILLA FRITE ET COUPÉE EN MORCEAUX, C'EST POUR ÇA QU'ILS SONT EN FORME DE TRIANGLE ! JE SAIS PAS POURQUOI MAIS J'EN SUIS DINGUE, IL Y A DES PÉRIODES OÙ J'EN MANGE TOUTE LA JOURNÉE.

② LES TACOS (RIEN À VOIR AVEC CETTE INFÂME INVENTION LYONNAISE) SONT DES TORTILLAS REPLIÉES ET FOURRÉES AVEC DE LA VIANDE, DES OIGNONS, DE LA CORIANDRE ET DIVERSES SAUCES (QUI ARRACHENT PAS SYSTÉMATIQUEMENT). VOICI, PAR EXEMPLE, UN

TACO AL PASTOR

(AVANT QU'IL NE SOIT PLIÉ EN DEUX POUR ÊTRE MANGÉ)

IL SE COMPOSE DE VIANDE DE PORC MARINÉE ET RÔTIE FAÇON KEBAB, D'ANANAS, D'OIGNONS ET DE CORIANDRE, ET C'EST DÉLICIEUX !

③ LES TOSTADAS SONT DES TORTILLAS FRITES, GARNIES D'ALIMENTS DIVERS ET VARIÉS (MAIS QUAND MÊME TOUJOURS DE LA VIANDE OU DES FRUITS DE MER). EN VOICI UNE QUI S'APPELLE

TOSTADA DE PATA

DESSUS IL Y A DU PIED DE VEAU BOUILLI, DE LA SALADE VERTE ET DU QUESO FRESCO. ELLE EST ACCOMPAGNÉE D'UNE SAUCE ROUGE QUI CONVOQUE TOUT L'ENFER DANS TA BOUCHE. C'EST... PAS TERRIBLE (ET POURTANT, J'ADORE LE PIED DE VEAU).

④ LES GORDITAS SONT DES BOULES CRUES DE MASA FOURRÉES AUX HARICOTS ROUGES, AU FROMAGE OU BIEN ENCORE AU CHICHARRÓN (VOIR CHAPITRE ②), PUIS FRITES DANS DE L'HUILE OU DU SAINDOUX. ON LES DÉGUSTE AVEC UNE SALSA VERDE. C'EST BON, MAIS C'EST GRAS. MAIS C'EST TRÈS BON. MAIS C'EST TRÈS GRAS.

⑤ LES ENCHILADAS SONT DES TORTILLAS ROULÉES FAÇON CANNELLONI, FOURRÉES À LA VIANDE, SAUPOUDRÉES DE FROMAGE, MAIS **SURTOUT** BAIGNÉES DANS UNE SAUCE PIQUANTE, GÉNÉRALEMENT ROUGE OU VERTE.

SITUATION TYPIQUE

⑥ LES QUESADILLAS

SONT DES TORTILLAS FOURRÉES AU FROMAGE (QUESO OAXACA, UNE SORTE DE MOZZARELLA LOCALE) ET CUITES DANS UN **COMAL**. C'EST BON COMME UNE BONNE CRÊPE AU FROMAGE. DONC PAS TRÈS DÉPAYSANT EN SOMME.

⑦ LES CHILAQUILES SONT DES TOTOPOS ARROSÉS DE SAUCE PIQUANTE ROUGE (SALSA ROJA) OU VERTE (SALSA VERDE) ET LES VARIATIONS DE CE PLAT SONT AUSSI NOMBREUSES QUE LES RÉGIONS DU MEXIQUE.

C'EST TRÈS BON, ON EN MANGE MÊME AU PETIT-DÉJEUNER.

⑧ LES FLAUTAS SONT DES TORTILLAS ROULÉES SERRÉ (COMME DES FLÛTES), FOURRÉES À DIVERSES VIANDES ET FRITES. ELLES SONT SERVIES AVEC DU GUACAMOLE, DU FROMAGE OU DE LA CRÈME.

J'ADORE CELLES À LA BARBACOA (DE L'EFFILOCHÉ DE BOEUF ÉPICÉ).

POUR COMPLIQUER LES CHOSES IL Y A LA...

TORTILLA DE HARINA DE TRIGO*

* FARINE DE BLÉ

⑨ LES BURRITOS SONT DES TORTILLAS DE HARINA DE TRIGO ROULÉES ET GÉNÉREUSEMENT GARNIES DE PLEIN DE TRUCS COMME DE LA VIANDE, DE LA VIANDE OU ENCORE ~~DE LA VIANDE~~ DES HARICOTS.

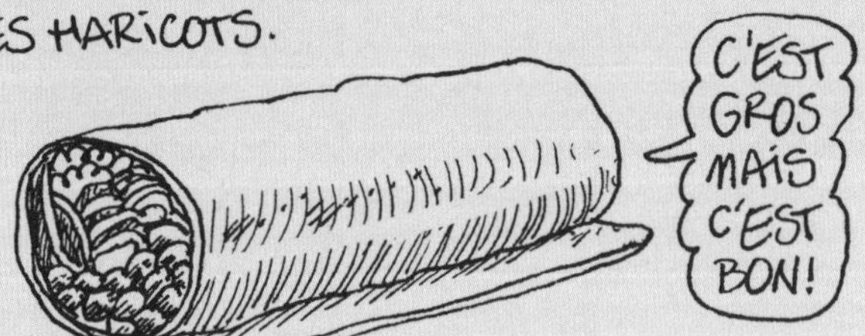

¡ATENCIÓN!

(TORTILLERIA LA ORIENTAL, CENTRO, QRO)

8 MERCADOS
LES MARCHÉS EN GÉNÉRAL, ÇA ME REND DINGUE. MAIS ALORS AU MEXIQUE, C'EST CLAIREMENT LE LEVEL SUPÉRIEUR ! UN FESTIVAL DE SONS ET DE COULEURS AVEC DES TRUCS CHELOUS, DES FRUITS BIGARRÉS ET DES PIMENTS DE PARTOUT !
¡Una institución!

VERDURAS
0034-001
RNE FRESCA
VOILÀ, ÇA, C'EST LE MEXIQUE!

9 FÁBRICA HÉRCULES
C'EST UNE ANCIENNE USINE TEXTILE RECONVERTIE EN LIEU CULTUREL ... ON Y TROUVE DES BOUTIQUES DE MODE, QUELQUES SALLES D'EXPO, UNE BRASSERIE, UN RESTO, DE QUOI BRUNCHER LE DIMANCHE ...
UN LIEU BRANCHÉ, QUOI !
EN FRANCE, ON DIT CHÉBRAN !
OK, BOOMER2.
(AU MILIEU DE LA FÁBRICA, IL Y A CETTE STRUCTURE ROUILLÉE ... SUR LE COUP, JE TROUVE QU'ON DIRAIT UN VAISSEAU DE GOLDORAK™ MAIS APRÈS VÉRIFICATION, PAS DU TOUT, J'AI JUSTE UNE MÉMOIRE POURRIE.)
DURANT NOTRE SÉJOUR, NOUS ALLONS DEUX FOIS À LA FÁBRICA ... LA PREMIÈRE FOIS C'EST POUR BRUNCHER*
RHÂÂ ! JE VAIS TOUT MANGER !
(TOUT À VOLONTÉ)
CAFÉ
THÉ
CHOCOLAT CHAUD
AL PASTOR
POZOLE
SALAME
BIRRIA
CARNE ASADA
BIRRIA
JUS DE FRUITS FRAIS (VOIR CHAPITRE 2)
OMELETTE QUESO PANELA
BRIOCHE
TACOS FRAIS, PRÉPARÉS SUR PLACE À LA DEMANDE
SALADE DE CRUDITÉS
SALADES DE PÂTES
CHAMPIGNONS CUISINÉS
¡HOLA !
¿QUÉ QUIERES ?
FRUITS EXOTIQUES FRAIS
BANANE ROUGE
FRUITS SECS
OEUFS DE CAILLE MIMOSA
AVOCATS
FOURCHETTE
MANGUE
TABOULÉ
SHHH
CORIANDRE
CHILES DE ÁRBOL
PAPAYE
MUFFINS TROP BONS
CITRONS VERTS
SALSA ROJA
SALSA VERDE
GUACAMOLE
LE BRUNCH AU MEXIQUE, C'EST LE MÊME CONCEPT QU'EN FRANCE SAUF QU'IL Y A DIX FOIS PLUS DE CHOIX ET QUE C'EST TROIS FOIS MOINS CHER ... SUR CETTE PAGE, J'EN AI PAS DESSINÉ LA MOITIÉ.
TOTOPOS
QUESO FRESCO
RHÂÂ ! JE ... J'AI TOUT MANGÉÉÉ ...
¿
MAL DEL PUERCO CF CHAPITRE 12
* AU JARDIN DE CERVECERÍA HÉRCULES.

LA DEUXIÈME FOIS, C'EST POUR MANGER LE MEILLEUR AGUACHILE QUE J'AIE GOÛTÉ DE MA VIE!
PLANTA ALTA
DENTRO DE LA CERVECERÍA HÉRCULES, QUERÉTARO
MANGER DES CREVETTES AVEC DU PIMENT?
QUELLE DRÔLE D'IDÉE!
PENDANT CE TEMPS CHEZ UN AUTRE ÉDITEUR...
TOTOPOS DE COMPÈTE
EAU (NORMALE)
SALSA ROJA
SALSA VERDE
CREVETTES, THON, LAIT DE COCO, POISSON BLANC, OIGNONS, CITRON, PIMENT, CORIANDRE
C'EST PLUTÔT UN MÉLANGE ÉQUILIBRÉ ENTRE UN AGUACHILE ET UN CEVICHE...
CRITIQUE CULINAIRE RÉPUTÉ
TU DEVRAIS LE PRÉCISER POUR
M'EN FOOUUS!
C'EST TROP BON QUAND MÊME!
ET PIS, C'EST MON CARNET!
UN POCO DE VOCABULARIO:
UN CEVICHE, C'EST DU POISSON CRU QUI A MARINÉ DANS DU JUS DE CITRON VERT, DU PIMENT, DU SEL ET SERVI AVEC DES OIGNONS FRAIS, DE LA CORIANDRE, ETC. ALORS QUE L'AGUACHILE, C'EST DES CREVETTES CRUES SERVIES EN DIRECT DANS DU JUS DE CITRON VERT, DU PIMENT, ET ACCOMPAGNÉES DE CONCOMBRE, OIGNONS FRAIS, CORIANDRE, ETC.
CERISE SUR LE GÂTEAU, CET AGUACHILE D'EXCEPTION N'EST QUE L'INTRODUCTION DU MEILLEUR REPAS DE NOTRE SÉJOUR...
LAITUE BRAISÉE AUX POIVRONS CONFITS, RÉDUCTION D'ANCHOÏS
CARRÉ DE PORC CONFIT, FRIJOLES REFRITOS, ANANAS BRAISÉ AU VINAIGRE, ACHIOTE
TORTILLAS FRITES
GORDITAS "DE MUERTE LENTA" AU PORC CONFIT PENDANT DOUZE HEURES ET SEL DU CHIAPAS

LE DESSERT N'EST PAS EN RESTE, AVEC UNE ESPÈCE DE DÉLICIEUSE GAUFRE CROUSTI-MOELLEUSE À LA FIGUE, AUX FRAISES, AU PILONCILLO ET AUX FLEURS (PENSÉES ET CAPUCINES).
JESUISPASTRÈSDESSERT© MAIS JE VAIS FAIRE UNE EXCEPTION...
VOUS L'AUREZ COMPRIS, PLANTA ALTA, C'EST LE RESTO À FAIRE À QUERÉTARO! SAUF QUE...
3 AÑOS MÁS TARDE
AH MEERDE, ÇA EXISTE PLUS...
JE VAIS PAS DÉCHIRER CES PAGES, QUAND MÊME!
À MOINS QUE...
HEUREUSEMENT, YANN M'A RETROUVÉ LE NOM DU CHEF QUI A CUISINÉ TOUT ÇA...
SALUT! J'ESPÈRE QUE JE TE DÉRANGE PAS!
TU TE RAPPELLES LE REPAS À PLANTA ALTA?
J'AI UNE QUESTION!
TU DORS? LOL.
MMMH...
C'EST ENCORE LUI?
NON, NON, RENDORS-TOI, CHÉRIE.
DEBOUT, LES CAMPEURS, ET HAUT LES COEURS!
YOUHOU! C'EST POUR MON CARNET DE QUERÉTARO!
C'EST UNE ERREUR...
DISCUSSION WHATSAPP
(DÉCALAGE HORAIRE DE 7 HEURES)
...IL S'AGIT D' EMILIANO AYALA
INSTA: EMILIANOAYALAMX
ACCESSIBLE ET SYMPA
EN CE MOMENT, JE CUISINE POUR OLINKA CASA AYALA ET SOTTO RISTORANTE!
TSHHHHH!
SINALOA STYLE
AGUACHILE
SEL
1 CONCOMBRE
1 OIGNON ROUGE
SCOVILLE 80000!
2-3 PIMENTS CHILTEPÍN
15-20 CREVETTES CRUES
CORIANDRE
1 CITRON VERT
HUILE D'OLIVE
① PELEZ, ÉPÉPINEZ ET COUPEZ LE CONCOMBRE EN TRANCHES FINES:
② PELEZ ET ÉMINCEZ 1/2 OIGNON ROUGE:
③ MÉLANGEZ LE JUS DU CITRON VERT, LES PIMENTS HACHÉS, 3 CUILLÈRES À SOUPE D'HUILE D'OLIVE ET DE LA CORIANDRE HACHÉE DANS UN BOL:
x3
④ DISPOSEZ DANS UNE GRANDE ASSIETTE ①+②+ LES CREVETTES ET ARROSEZ AVEC ③
¡A COMER!
VOUS L'AUREZ COMPRIS: SI VOUS ALLEZ AU MEXIQUE, TROUVEZ EMILIANO ET GOÛTEZ SA FABULEUSE CUISINE!
(VOUS POUVEZ REMPLACER LE CHILTEPÍN PAR DU PIMENT D'ESPELETTE ET LES CREVETTES CRUES PAR DU SURIMI MAIS... C'EST MOINS BON!)
MARMITÓN

10 LES ENFANTS

ON DIRAIT BIEN QUE CE CHAPITRE EST UNE DIGRESSION, MAIS VOUS ALLEZ VOIR QUE... PAS TANT QUE ÇA. PEU DE GENS LE SAVENT (EN TOUT CAS, JE L'IGNORAIS), MAIS AU MEXIQUE, ILS KIFFENT LES ENFANTS. IL Y EN A PARTOUT !

"LE MEXICAIN ADORE LES ENFANTS."

CLAIRE, ENCEINTE DE 7 MOIS (OUI, J'AI OUBLIÉ D'EN PARLER, EN MÊME TEMPS, ON N'EST PAS DANS UN GUIDE DE GROSSESSE, ICI) EST TOUT LE TEMPS FÉLICITÉE DANS LA RUE.

RÉSULTAT :

(OÙ ÇA DEVIENT INTÉRESSANT POUR CE CARNET)

DANS BEAUCOUP DE BARS ET DE RESTOS, IL Y A DES SALLES DE JEUX POUR LES ENFANTS, QUI SONT SURVEILLÉS, MOYENNANT QUELQUES DOLLARS, PAR DES **NIÑERAS**.

LES BÉBÉS SONT PORTÉS DANS DES COUVERTURES MÊME PAR 30°C.

QU'EST-CE QUE C'EST ?

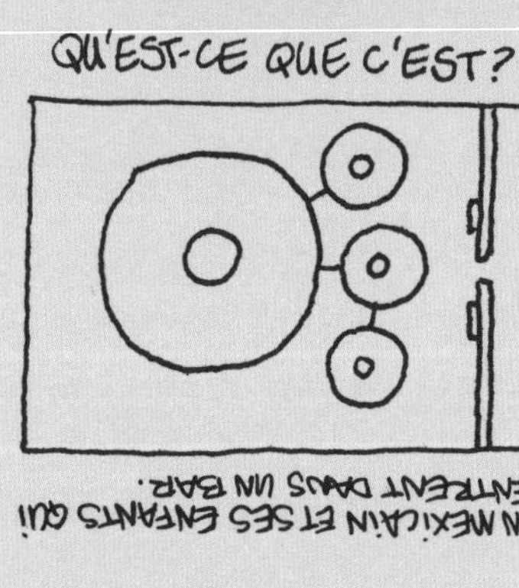

UN MEXICAIN ET SES ENFANTS QUI ENTRENT DANS UN BAR.

* VOSTFR.

11 SEIS RECETAS

DEUX ÉVÉNEMENTS DISTINCTS SONT RÉUNIS DANS CE CHAPITRE (OUI, JE SUIS UN GUEDIN, COMME CHRISTOPHER NOLAN, SAUF QU'AVEC MOI VOUS ALLEZ TOUT COMPRENDRE VU QUE MES SCÉNARIOS SONT TRÈS LINÉAIRES MALGRÉ TOUT).

(a) CHEZ YANN, NOUS RENCONTRONS **MARIELLA** QUI S'OCCUPE DES ENFANTS, DU MÉNAGE ET DE LA CUISINE :

(b) AU FIL DE NOTRE SÉJOUR, CLAIRE PREND NETTEMENT LA CONFIANCE ET PROPOSE À YANN : « UNE SOIRÉE MEXICAINE, ÇA TE DIT ? »

À PARTIR DE LÀ, ÇA S'EMBALLE :

VOICI DONC 6 RECETTES : DEUX SONT DE MARIELLA QUI EST MEXICAINE ET QUATRE SONT DE CLAIRE, UNE ITALIENNE SE PRENANT POUR UNE MEXICAINE !

① LAVEZ ET HACHEZ LES TOMATES, LES OIGNONS, LA CORIANDRE (AVEC LES TIGES) ET LES PIMENTS :

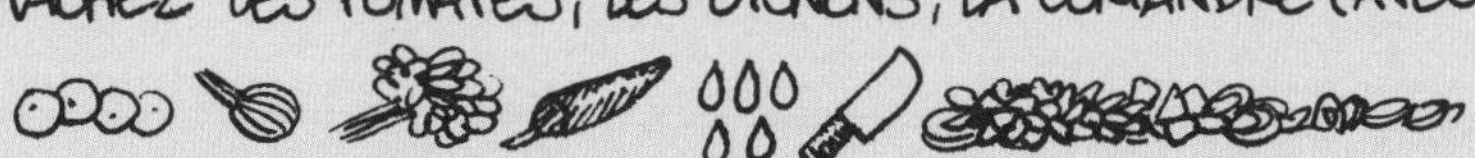

② ASSAISONNEZ DE TABASCO SI VOUS NE TROUVEZ PAS LES PIMENTS, DE JUS DE CITRON ET DE SEL... L'IDÉE, C'EST DE RÉALISER UNE SALSA ACIDE ET RELEVÉE.

③ LAISSEZ REPOSER UN QUART D'HEURE AU FRAIS : C'EST PRÊT !

ARROZ VERDE
UN ACCOMPAGNEMENT POUR LES VIANDES MIJOTÉES, ETC.
1 OIGNON
2 GOUSSES D'AIL
2 VERRES DE RIZ
2 PIMENTS POBLANOS
1 BOUQUET DE CORIANDRE
UN PEU D'HUILE
TOUJOURS POUR 4 !
① PELEZ ET ÉMINCEZ L'OIGNON ET FAITES-LE BIEN DORER UN QUART D'HEURE À FEU DOUX DANS UN FAITOUT AVEC UN PEU D'HUILE :
SHHSHSHHSHSHHHH
15MN
② PENDANT CE TEMPS
LAVEZ LA CORIANDRE ET LES PIMENTS (DONT VOUS ENLEVEZ LA QUEUE) ET PASSEZ-LES AU MIXEUR (OU AU BLENDER) AVEC 3 VERRES D'EAU (SANS LE VERRE) :
BVVRR!!!
SI LES POBLANOS SONT GALÈRE À TROUVER, VOUS POUVEZ LES REMPLACER PAR UN POIVRON ET DU PIMENT VERT DE VOTRE CHOIX !
Astuce !
③ AJOUTEZ L'AIL ÉMINCÉ ET LE RIZ AUX OIGNONS CARAMÉLISÉS :
KRSHHH
FAITES TRANSLUCIDER LE RIZ ET NE FAITES SURTOUT PAS BRÛLER L'AIL ! REMUEZ FRÉQUEMMENT.
④ AJOUTEZ LE CONTENU DU BLENDER (OU DU MIXEUR), PORTEZ À ÉBULLITION, PUIS BAISSEZ LE FEU AU MINIMUM, COUVREZ ET LISEZ MON HISTOIRE "LA CUISSON DU RIZ" POUR LES DÉTAILS.
FLBLBLB
SHHH
10 MIN
...
20 MIN
C'EST PRÊT !
OH ! DU RIZ VERT QUI PARLE !
(TOUJOURS CHIANT À DESSINER)
CHILES RELLENOS
DES POBLANOS FARCIS AU FROMAGE ET DORÉS DANS DE LA PÂTE À FRIRE !
8 PIMENTS POBLANOS
4 OEUFS
DE LA FARINE (T55)
DES CURE-DENTS
DE LA MOZZARELLA EN BRIQUE (SÈCHE)
① PLACEZ LES POBLANOS DIRECTEMENT SUR LA FLAMME DE VOTRE GAZINIÈRE (SI VOUS N'EN AVEZ PAS, NE FAITES PAS CETTE RECETTE ET COMMANDEZ UNE PIZZA) :
IL FAUT QU'ILS SOIENT BIEN CRAMÉS CLOQUÉS NOIRS DE PARTOUT
¡ BUENO PARA TU CÁNCER !
② ENFERMEZ-LES DANS UN SAC PLASTIQUE (DE MIEUX EN MIEUX) PENDANT 20 MINUTES. RÂPEZ DE LA MOZZA PENDANT CE TEMPS :
(MODE GROS TROUS)
(JE VAIS PAS DESSINER TOUS LES COPEAUX, VOUS AVEZ SAISI LE CONCEPT)

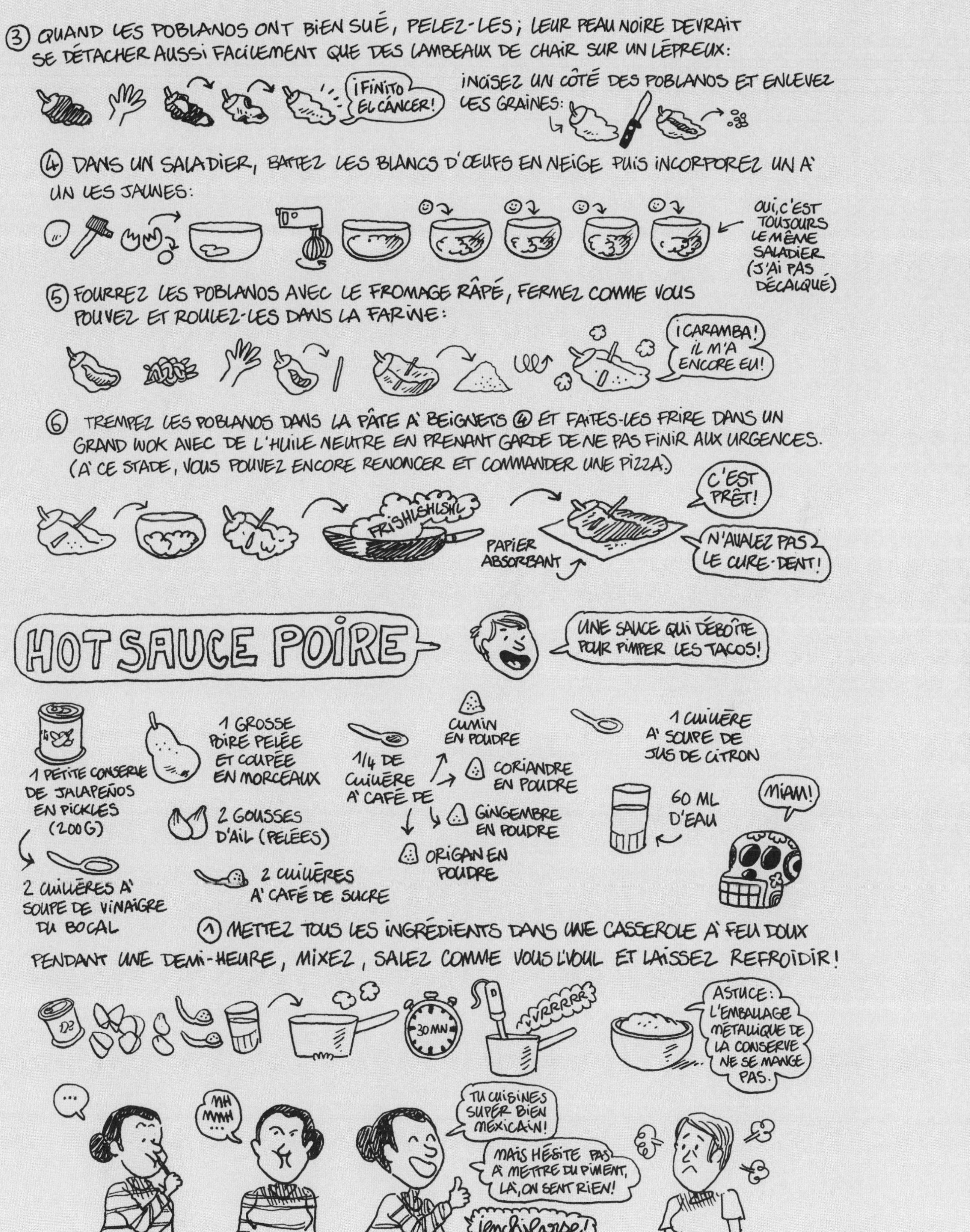
③ QUAND LES POBLANOS ONT BIEN SUÉ, PELEZ-LES ; LEUR PEAU NOIRE DEVRAIT SE DÉTACHER AUSSI FACILEMENT QUE DES LAMBEAUX DE CHAIR SUR UN LÉPREUX :
¡FINITO EL CÁNCER!
INCISEZ UN CÔTÉ DES POBLANOS ET ENLEVEZ LES GRAINES :
④ DANS UN SALADIER, BATTEZ LES BLANCS D'OEUFS EN NEIGE PUIS INCORPOREZ UN À UN LES JAUNES :
OUI, C'EST TOUJOURS LE MÊME SALADIER (J'AI PAS DÉCALQUÉ)
⑤ FOURREZ LES POBLANOS AVEC LE FROMAGE RÂPÉ, FERMEZ COMME VOUS POUVEZ ET ROULEZ-LES DANS LA FARINE :
¡CARAMBA! IL M'A ENCORE EU!
⑥ TREMPEZ LES POBLANOS DANS LA PÂTE À BEIGNETS ④ ET FAITES-LES FRIRE DANS UN GRAND WOK AVEC DE L'HUILE NEUTRE EN PRENANT GARDE DE NE PAS FINIR AUX URGENCES. (À CE STADE, VOUS POUVEZ ENCORE RENONCER ET COMMANDER UNE PIZZA.)
FRISHLSHLSHL
PAPIER ABSORBANT
C'EST PRÊT!
N'AVALEZ PAS LE CURE-DENT!
HOT SAUCE POIRE
UNE SAUCE QUI DÉBOÎTE POUR PIMPER LES TACOS!
1 PETITE CONSERVE DE JALAPEÑOS EN PICKLES (200G)
1 GROSSE POIRE PELÉE ET COUPÉE EN MORCEAUX
1/4 DE CUILLÈRE À CAFÉ DE
CUMIN EN POUDRE
CORIANDRE EN POUDRE
GINGEMBRE EN POUDRE
ORIGAN EN POUDRE
1 CUILLÈRE À SOUPE DE JUS DE CITRON
60 ML D'EAU
MIAM!
2 GOUSSES D'AIL (PELÉES)
2 CUILLÈRES À SOUPE DE VINAIGRE DU BOCAL
2 CUILLÈRES À CAFÉ DE SUCRE
① METTEZ TOUS LES INGRÉDIENTS DANS UNE CASSEROLE À FEU DOUX PENDANT UNE DEMI-HEURE, MIXEZ, SALEZ COMME VOUS L'VOUL ET LAISSEZ REFROIDIR!
30 MN
VRRRRR
ASTUCE : L'EMBALLAGE MÉTALLIQUE DE LA CONSERVE NE SE MANGE PAS.
...
MH MMH ...
TU CUISINES SUPER BIEN MEXICAIN!
MAIS HÉSITE PAS À METTRE DU PIMENT, LÀ, ON SENT RIEN!
¡ENCHILARSE!

TAMALES
UN CLASSIQUE DE LA CUISINE MEXICAINE!
DE LA SALSA ROJA QUI DÉBOÎTE
AH MINCE, J'AI PAS PRIS DE NOTES POUR CETTE RECETTE... JE ME SOUVIENS, ÇA M'A DÉGOÛTÉ QUAND J'AI VU QUE MARIELLA METTAIT AUTANT DE SAINDOUX QUE DE MASA DANS LES SPATHES*...
DU SAINDOUX
DE LA MASA (C.F. CHAPITRE 7)
DES SPATHES* DE MAÏS SÉCHÉES
DU PORC DÉCOUPÉ EN CUBES
① MÉLANGEZ LE SAINDOUX ET LA MASA, AJOUTEZ LES CUBES DE PORC CRUS (À MOINS QU'IL NE FAILLE LES FAIRE CUIRE, FAITES GAFFE À LA TRICHINELLOSE), LA SAUCE ROUGE QUI PIQUE ET REMPLISSEZ LES SPATHES* COMME SUIT:
MOI QUI ADORE LES TAMALES, À LA BASE!
2 MIN DANS L'EAU
CUISSON VAPEUR UNE PETITE HEURE
* LE NOM COMPLIQUÉ POUR FEUILLES.
PICKLES OIGNONS ROUGES
AU MEXIQUE, ÇA S'APPELLE "CEBOLLAS ENCURTIDAS", C'EST TRÈS ADDICTIF!
DES OIGNONS ROUGES
DU JUS D'ORANGE
DU JUS DE CITRON
DU JUS DE PAMPLEMOUSSE
DU SUCRE
DU SEL
DU VINAIGRE BLANC
DU LAURIER
DES CLOUS DE GIROFLE
① DÉTAILLEZ (APRÈS LES AVOIR PELÉS, HEIN) LES OIGNONS ROUGES EN TRONÇONS DE 1 CM ENVIRON ET METTEZ-LES DANS UN BOCAL:
ON VA Y RESTER UNE SEMAINE, DONC ANTICIPEZ!
ROSE VIF
② AJOUTEZ DANS LE BOCAL 150 ML DE JUS DE CITRON, LA MÊME DE JUS D'ORANGE, DE PAMPLEMOUSSE ET DE VINAIGRE BLANC, 5 CLOUS DE GIROFLE, UNE FEUILLE DE LAURIER, UNE CUILLÈRE À SOUPE DE SUCRE, UNE CUILLÈRE À CAFÉ DE SEL. ÇA DOIT RECOUVRIR LES OIGNONS EXACTEMENT COMME DANS LE DESSIN Ⓑ. FERMEZ, PATIENTEZ AU FRAIS.
Ⓐ IL FAUT COUPER PLUS D'OIGNONS
Ⓑ "OUIII VOILÀ!"
Ⓒ IL FAUT PLUS DE LIQUIDE
© F.R. GAUDRY
MAIS HEU... TU RESTES PAS MANGER AVEC NOUS?
NON, JE VAIS ME COUCHER...
J'AI CUISINÉ TOUTE LA JOURNÉE...!

12 MAL DEL PUERCO

DÈS LA PREMIÈRE SEMAINE (JE VOUS AVAIS DIT QUE LES CHAPITRES N'ÉTAIENT PAS DANS L'ORDRE CHRONOLOGIQUE), ON COMPREND QU'AU MEXIQUE, C'EST IMPORTANT DE MANGER. IL FAUT S'ENCHILAR, BIEN SÛR, MAIS IL FAUT AUSSI BEAUCOUP MANGER, TROP MANGER JUSQU'À NE PLUS POUVOIR BOUGER ET PIQUER DU NEZ SUR SON ASSIETTE, GAGE D'UN REPAS RÉUSSI. ICI, ON APPELLE ÇA LE "MAL DEL PUERCO" ET ÇA NOUS ARRIVE, À CLAIRE ET MOI, À...

EL ASADERO

"JURIQUILLA"

ACEDUCTO DE, 76230 QUERÉTARO

LE BÂTIMENT EST AFFREUX, ON DIRAIT UNE PAGODE CONVERTIE EN COURTEPAILLE ROUGE BRIQUE. AUTOUR, DES BUREAUX TOUT AUSSI AFFREUX DANS UNE ZONE COMMERCIALE AFFREUSE. MURIELLE NOUS DIT :

C'EST DRÔLE, AU DÉBUT, TOUT PART MAL... LE LIEU, LE MOMENT (IL EST PASSÉ 15H), LE PUBLIC (ESSENTIELLEMENT DES EMPLOYÉS DE L'INTÉRIEUR)... ON DIRAIT UNE CANTINE ADMINISTRATIVE, SAUF QU'AU MILIEU DE L'IMMENSE ET UNIQUE SALLE, IL Y A UNE CUISINE OUVERTE AVEC DES GRILS DE PARTOUT :

ON EST QUATRE À MANGER. JE VIENS DE FAIRE UNE INTERVENTION LE MATIN, JE SUIS CLAQUÉ. MURIELLE S'EMPARE DU MENU ET CHOISIT POUR NOUS...

SUR NOTRE TABLE ARRIVENT:
POZOLE BLANCO
POZOLES ROJOS
POZOLE VERDE
SAUCE QUI ARRACHE 1
TACO AL PASTOR
LIMES
TOSTADA DE PATA
FLAUTA DE BARBACOA
FLAUTA PAPA CON CHORIZO
SAUCE QUI ARRACHE 2
HRRGEEU... J'EN PEUX PLUUUS
¡MAL DEL PUERCO!
¡MAL DEL PUERCO!
¡MUY BIEN!
¡MAL DEL PUERCO!
MODE CHIHIRO "ON"
ENCHILADAS VERDES
TORTILLAS (TOTOPOS)
GUACAMOLE

13 QUELQUES SOUVENIRS
DÉSOLÉ, CE CHAPITRE NE PARLE PAS DU TOUT DE BOUFFE...
CE SONT JUSTE DES MOMENTS QUE J'AVAIS ENVIE DE GARDER DANS CE CARNET.
POTS VUS DANS UN CAFÉ
DES ARBRES TAILLÉS EN PARALLÉLÉPIPÈDES RECTANGLES AU CENTRE-VILLE DE QUERÉTARO.
UN LIEU DE CULTE SUR LE TERRE-PLEIN EN FRICHE D'UN CARREFOUR DE LA VILLE.
UN BÂTIMENT COLONIAL AU SOMMET D'UNE COLLINE (QUI UNE FOIS NETTOYÉE S'EST RÉVÉLÉE ÊTRE UNE ANCIENNE PYRAMIDE AZTÈQUE!).
L'ADORABLE FAMILLE DE YANN.
DES TRICOTS BIGARRÉS POUR HABILLER LE TRONC D'UN BOUGAINVILLIER.
LES CURIEUX NIDS DES PERRUCHES VEUVES DANS LES ARBRES DES QUARTIERS RÉSIDENTIELS.
40
MAXIMA

14 SUPERMERCADOS
DERNIER CHAPITRE!
JE PASSE DEUX HEURES À FARFOUILLER DANS LES RAYONS, C'EST DISNEYLAND, CLAIRE PÈTE UN CÂBLE AU COIN DES SAUCES PIQUANTES ET ON RAPPORTE DANS NOS VALISES (RIEN N'EST À L'ÉCHELLE):
MON PÉCHÉ MIGNON QUAND JE VOYAGE À L'ÉTRANGER: DÉVALISER LES SUPERMARCHÉS!
CERTAINS KIFFENT LES BOULES À NEIGE, MOI, C'EST LES CONSERVES.
ME JUGEZ PAS.
PULP COMMON PEOPLE
couic couic couic couic couic couic
2 PRESSE-CITRONS
DES TORTILLAS FRAÎCHES
DES PILONCILLOS (CHAPITRE ③)
UNE SALSA MACHA
COCINA MESTIZA Mexico SALSA MACHA
2 BOUTEILLES DE MEZCAL (CHAPITRE ④)
CONEJO JOVEN OAXACA
3 SALSAS HABANERO
Chimay
UNE PRESSE À TORTILLAS
QUELQUES SERRANOS FRAIS
UNE CONSERVE DE CHILES CHIPOTLES
LA MORENA
(CHAPITRE ⑤)

2 SACHETS DE GUAJILLOS, 2 D'ANCHOS ET 2 DE PASILLAS SÉCHÉS
(CHAPITRE 5)
MASECA
MASECA
tajín PASILLAS
tajín PASILLAS
2 PAQUETS DE FARINE DE MAÏS
tajín GUAJILLO
tajín GUAJILLO
4 CONSERVES DE CHIPOTLES EN ADOBO
La Costeña CHIPOTLES EN ADOBO
UNE SALSA DE CHILTEPÍN
tajín ANCHO
tajín ANCHO
Del Viejón SALSA DE CHILTEPÍN EXTRA PICANTE
3 CONSERVES DE SALSA VERDE
HERDEZ
HERDEZ
UNE BOUTEILLE DE SALSA PICANTE RANDOM*
CHOLULA ORIGINAL
2 CONSERVES DE RAJAS VERDES
LA MORENA RAJAS VERDES
LA MORENA RAJAS VERDES
UN FLACON DE FENTANYL
(MAIS NON)
FENTANYL
QU'EST-CE QUE C'EST?
CLAIRE ET MOI AUX DOUANES FRANÇAISES DE L'AÉROPORT
* QUI DEVIENDRA UN CLASSIQUE À LA MAISON.

ÉPILOGUE

SEPTEMBRE 2023. QUATRE ANNÉES SE SONT ÉCOULÉES, MAIS LES SOUVENIRS DE CE VOYAGE SONT INTACTS.

JE VIENS DE TERMINER CE CARNET ET À FORCE D'AVOIR PARLÉ DE TACOS, CEVICHES, QUESADILLAS, CHILES RELLENOS ET AUTRES TOSTADAS PENDANT DEUX MOIS, J'AI FURIEUSEMENT ENVIE DE MANGER MEXICAIN !!

ET QUAND JE VEUX MANGER MEXICAIN, C'EST PRATIQUE D'HABITER LYON CAR IL Y A...

CETTE **aventure** A RÉVÉLÉ DEUX ASPECTS DE MA PERSONNALITÉ QUI M'ACCOMPAGNENT DÉSORMAIS :

1 LE GOÛT DU PIMENT

À FORCE DE MANGER PIMENTÉ PENDANT CE SÉJOUR, MES PAPILLES SE SONT HABITUÉES À LA CAPSAÏCINE* ! JE SUIS DEVENU UN VRAI MEXICANO, ET J'ADORE M'**ENCHILER** LA GUEULE :

(VUE MACRO DE MES PAPILLES DEVENUES MEXICAINES)

2 LE GOÛT DE L'AVENTURE

* COMPOSÉ CHIMIQUE RESPONSABLE DE LA SENSATION DE BRÛLURE DUE AU PIMENT.

Hiver

LA MEILLEURE Recette de pâtes AU MONDE
AH OUAIS, ÇA SE LA PÈTE BIEN!
UN SOIR COMME UN AUTRE,,, VOUS TRAÎNE
NON, NON! C'EST LE MATIN,,, MAIS LES VOLETS SONT FERMÉS,,,
C'EST LE CONFINEMENT, VOUS VOUS RAPPELEZ?
ATTENDEZ, J'ALLUME LA LUMIÈRE.
MERCI! ON Y VERRA PLUS CLAIR POUR CUIS
HA! VOILÀ. C'EST MIEUX COMME ÇA.
TREMEUR
EMEUR
MEUR REME
TREM
TIC.
MMH,,, NE FAITES PAS ATTENTION AU BAZAR,,, ÇA FAIT PLUSIEURS JOURS QUE JE NE VOIS PERSONNE,,,
ET ÇA FAIT UN BAIL QUE J'AI PAS FAIT LES COURSES.
J'AI MÊME PLUS DE RIZ, CONTRAIREMENT À LA DERNIÈRE FOIS*.
DES PÂTES, PEUT-ÊTRE?
AH OUI,,, ÇA PAR CONTRE, J'EN AI PLEIN,,, ET DU PAPIER TOILETTE AUSSI,,,
JE VOUS DÉCONSEILLE LES DEUX ENSEMBLE,,,
C'EST PÂTEUX.
HEU,,, JE PEUX REPASSER À UN AUTRE MOMENT SI JAMAIS JE DÉRANGE,,,
NON, ÇA VA,,, ÇA FAIT DU BIEN DE PARLER À QUELQU'UN.
ALORS? ON FAIT DES PÂTES À QUOI?
EH BIEN,,, C'EST UNE RECETTE DE MA FEMME
AH? VOUS ÊTES MARIÉ?
C'EST SUPER, ÇA DONNE UN PEU D'ESPOIR,,, ICI, TOUT LE MONDE EST MORT DANS LE QUARTIER,,,
JE,,, JE SUIS DÉSOLÉ.
HEU,,, JE,,,
J'AI AUSSI DEUX ENFANTS, DONT UN QUI EST NÉ IL Y A UN MOIS ET DEMI,,, SI ÇA PEUT VOUS REMONTER LE MORAL, JE VOUS MONTRER DES PHOT EST TROP MIGNON AVE
AAH,,, OKÉE,,, JE VOIS.
C'EST POUR ÇA QUE J'AVAIS PLUS DE NOUVELLES DEPUIS UN BON MOMENT,,,
OUI, HEU,,, C'EST
NON MAIS C'EST BIEN.
TANT MIEUX POUR VOUS.
MOI, LES ENFANTS DES VOISINS DU DESSUS ME TAPAIENT TROP SUR LES NERFS.
JE LES AI
BIEN. PASSONS À LA RECETTE.
* VOIR "CUIRE DU RIZ", P. 69.

POUR RÉALISER CE PLAT QUE J'ADORE ET QUI EST À BASE DE FONDS DE PLACARD (AVOUEZ QUE ÇA TOMBE BIEN), IL FAUT, POUR QUATRE PERSONNES :
UNE TÊTE D'AIL
DES LINGUINES
UNE BOÎTE DE TOMATES CONCASSÉES
DE L'HUILE D'OLIVE
DES OLIVES GENRE NIÇOISES
DE L'ORIGAN
DU SEL
DU SUCRE
DU PIMENT DE CAYENNE
DES CÂPRES
AH BEN ÇA ALORS, J'AI TOUT ! MÊME UN VIEUX BOCAL DE CÂPRES QUI DOIT TRAÎNER DEPUIS DEUX ANS... LE GENRE DE CHOSES COMME LES CLOUS DE GIROFLE OU LA MAÏZENA QUE J'UTILISE JAMAIS.
POUR L'ORIGAN, JE VAIS LE GRATTER SUR UNE PIZZA SURGELÉE.
AUTRE CHOSE ?
DU PERSIL FRAIS ? C'EST PAS INDISPENSABLE, MAIS ÇA APPORTE UNE PETIT
POUR LES TRUCS FRAIS, IL FAUT SORTIR...
JE PEUX, HEIN.
IL ME RESTE QUELQUES MUNITIONS
D'ACCORD. PAS DE PERSIL.
1 COMMENCEZ PAR FAIRE CHAUFFER UNE GRANDE CASSEROLE PLEINE D'EAU PO
POUR LES PÂTES ?
ALORS ÇA, C'EST MARRANT...
J'AI JAMAIS SAISI L'INTÉRÊT D'UNE GRANDE CASSEROLE.
POUR PAS QUE ÇA COLLE ? AVEC UNE CASSEROLE NORMALE ET UN PEU D'HUILE, FRANCHEMENT, ÇA PASSE...
OKAY... METTONS QU'AUCUN ITALIEN N'AIT LU CE QUE VOUS VENEZ DE DIRE... LES PÂTES LIBÈRENT DE L'AMIDON (QUI LES FAIT COLLER) EN CUISANT. IMAGINEZ-LES COMME DES PETITS BONSHOMMES HABILLÉS DE SCOTCH DOUBLE FACE...
METTEZ-LES ENSEMBLE DANS UN CAGIBI ET OBSERVEZ LE RÉSULTAT :
HÉHO ! ME COLLE PAS !
C'EST TOI, ME COLLE PAS !
VERSEZ DE L'HUILE SUR EUX :
WÔÔ ! HÉ ! DÉGUEU !
GROS CRADO !
PAS TERRIBLE.
MAINTENANT, METTEZ-LES DANS UNE TRÈS GRANDE PIÈCE (PAR EXEMPLE, UN MUSÉE) :
MORRIS LOUIS, QUEL PEINTRE TOUT DE MÊME.
OUI.
QUELLE AUDACE !
CETTE RÉTROSPECTIVE M'ENCHANTE !
C'EST MIEUX !
OK HEU... J'AVOUE QUE J'AI PAS BIEN COMPRIS LE RAPPORT ENTRE DES PÂTES ET L'EXPRESSIONNISME ABSTRAIT, MAIS ADMETTONS...
JE FAIS QUOI APRÈS AVOIR FAIT CHAUFFER UNE GRANDE CASSEROLE D'EAU ?
COMMENCEZ PAR ÉPLUCHER TROIS GOUSSES D'AIL.
2 ÉMINCEZ-LES EN FINES LAMELLES ET FAITES-LES FRIRE DANS UNE POÊLE AVEC UNE BONNE QUANTITÉ D'HUILE D'OLIVE JUSQU'À CE QU'ELLES SOIENT TRÈS LÉGÈREMENT DORÉES (MOINS QUE GUSTAVE) :
SCHLCHLCHRRR
TRANSPARENT VIEW © ABAM
PAS ENCORE
1 MM
1,8 CM
PRESQUE
OUI ! VOILÀ !
3 AJOUTEZ UNE BOÎTE DE TOMATES CONCASSÉES AINSI QUE LA MOITIÉ DE SON VOLUME EN EAU :
TSSHAHH !
PUIS AJOUTEZ DEUX CUILLÈRES À CAFÉ DE CÂPRES AINSI QU'UNE BONNE POIGNÉE D'OLIVES
MA FEMME (PIÉMONTAISE)
POUR LES OLIVES, PRENEZ DES TAGGIASCHE ENTIÈRES, C'EST ENCORE MEILLEUR !
EN TOUT CAS, PAS DES IMMONDICES DÉNOYAUTÉES DE SUPERMARCHÉ !

4 AJOUTEZ À LA SAUCE UNE BONNE PINCÉE D'ORIGAN OU, MIEUX ENCORE, DE MARJOLAINE.
J'POURRAIS METTRE DES BOUTS DE PIZZA, AUSSI?
POUR PAS GÂCHER.
KRK! KRK! KRK!
NON. MAUVAISE IDÉE.
AJOUTEZ UNE DEMI-CUILLÈRE À CAFÉ DE SUCRE ET SALEZ SELON VOTRE GOÛT:
3D VIEW ©ABAM
LAISSEZ RÉDUIRE À FEU MOYEN PENDANT DIX MINUTES, VOIRE UN QUART D'HEURE...
AH VOUII PFF! J'AI LE TEMPS DE MATER UN ÉPISODE DE
ÇA VOUS LAISSE LE TEMPS DE CUIRE LES PÂTES.
L'EAU DEVRAIT BOUILLIR, MAINTENANT.
AAAH MAIS OKÉÉÉ...
C'EST MALIN D'AVOIR COMMENCÉ LA RECETTE PAR FAIRE CHAUFFER L'EAU.
HÉÉÉOUI.
5 PELEZ DEUX GOUSSES D'AIL ET, SELON LES USTENSILES DONT VOUS DISPOSEZ, RÂPEZ-LES OU PRESSEZ-LES:
SI VOUS AVEZ UNE POIGNÉE DE PERSIL FRAIS À PROXIMITÉ, LAVEZ-LA ET HACHEZ-LA FINEMENT:
PLAT, LE PERSIL! LE FRISÉ NE SERT À RIEN!
← ENCORE ELLE (EN MÊME TEMPS, C'EST SA RECETTE)
6 ENFIN, ÉGOUTTEZ VOS PÂTES DÈS QU'ELLES SONT PRÊTES ET MÉLANGEZ-LES À LA SAUCE AVEC L'AIL ET LE PERSIL.
AJOUTEZ DU PIMENT SELON VOTRE GOÛT.
HEU... VOUS... VOUS POUVEZ ARRÊTER DE MÉLANG
NOON ENCORE UN PETIT PEEEU...
CES PÂTES QUI TOMBENT AU RALENTI...
J'AI L'IMPRESSION D'ÊTRE DEPARDIEU DANS UNE VIEILLE PUB POUR BARILLA
FLUFFF
FLOUFF
FLFF
C'EST PRÊT! RÉGALEZ-VOUS!
MMMMAIS CH'EST VRAI QUE CH'EST BON!
PIS CHA CHANGE DE LA VIANDE.
PAR CONTRE, J'EN AI BEAUCOUP TROP FAIT, J'VAIS M'EN GARDER AU FRAIS.
VOUS REMERCIEREZ BIEN VOTRE FEMME, HEIN!
VOUS ÊTES TOUJOURS LÀ?
PLUS TARD.
ÇA TE TOUCHE PAS, TOI, CE TABLEAU?
BOOF
NON... ÇA ME LAISSE FROID.
MONSIEUR? ÇA VA?
D'AILLEURS, TU TROUVES PAS QU'ILS ABUSENT UN PEU SUR LA CLIM, ICI?
lon.

?
CONDITIONNÉ EN FRANCE
DOSCR
CULTIVÉ EN INDE POUR UNE SAVEUR RICHE ET ÉPICÉE.
Laissez-vous tenter!
UNE PINCÉE DE PIMENT DE CAYENNE MOULU DANS DES CREVETTES SAUTÉES AU WOK ET SERVIES AVEC DU RIZ BASMATI : DÉPAYSEMENT GARANTI.
BIIIP
BIO BON
RIZ

CREVETTES SAUTÉES COCO
POUR 4 PERSONNES
302 G DE QUEUES DE CREVETTES CRUES DÉCORTIQUÉES
2 GOUSSES D'AIL
DU GINGEMBRE (UN MORCEAU GROS COMME LE POUCE SAUF SI VOUS AVEZ DES POUCES D'UN MÈTRE DE LONG)
LE VERT D'UN OIGNON FRAIS
DU SEL
DES ÉPINARDS (LA QUANTITÉ QUE VOUS VOULEZ)
OUVRE-TOI
UN PEU D'HUILE DE SÉSAME
394 ML DE LAIT DE COCO
1 CITRON VERT
DE LA CORIANDRE (SAUF SI VOUS DÉTESTEZ ÇA)
DU PIMENT DE CAYENNE DOSCRU©
238 G DE RIZ BASMATI
A SI VOUS AVEZ ACHETÉ DES CREVETTES SURGELÉES, SORTEZ-LES DE LEUR EMBALLAGE ET FAITES-LES DÉCONGELER UNE NUIT AU F… ANS UN RÉCIPIENT…
AHNAAAAH MERDEU!
J'AI FAIM MAINTENANT!
PAS DANS DIX JOURS
RIZ
2 SI VOUS AVEZ FAIM MAINTENANT ET PAS DANS DIX JOURS, IMMERGEZ LES CREVETTES UNE DIZAINE DE MINUTES DANS UN SALADIER D'EAU FROIDE. ET PROPRE.
A
VIDEZ L'EAU DU SALADIER DANS LE POT DU FICUS QUE VOUS OUBLIEZ TOUT LE TEMPS D'ARROSER ET RÉPÉTEZ A POUR TRENTE MINUTES CETTE FOIS, ET NORMALEMENT…
C'EST BON!
3 PRÉPAREZ UNE MARINADE AVEC LE JUS DU CITRON VERT, LE MORCEAU DE GINGEMBRE RÂPÉ, UN TRAIT D'HUILE DE SÉSAME ET LES GOUSSES D'AIL RÂPÉES:
4 MÉLANGEZ LES CREVETTES DÉCONGELÉES ET SÉCHÉES DANS LA MARINADE ET RÉSERVEZ UNE HEURE AU FRAIS
QUOI?! UNE HEURE? C'EST TROP LONG, C'EST QUOI CETTE RECE… EH MAIS ATTENDS! C'EST MOI QUI L'ÉCRIS, JE VAIS METTRE TRENTE MINUTES PLUTÔT.
PUTAIN, J'PEUX FAIRE N'IMP SI J'AI ENVIE.
5 PARSEMEZ LA MARINADE DE CROTTES DE NEZ, C'EST TRÈS BO…
MMMOUAISNAN EN FAIT JE VAIS PAS FAIRE N'IMP.
ALLEZ, TRENTE MINUTES, C'EST PARTI.
6 FAITES CUIRE LE RIZ SELON LA MÉTHODE DÉSORMAIS CÉLÈBRE "CUIRE DU RIZ"*:
TIENS, COMME JE M'ENNUIE UN PEU, JE VAIS FAIRE UNE VUE PLONGEANTE COMPLIQUÉE DE CETTE SCÈNE, HISTOIRE DE VOIR SI J'AI PROGRESSÉ EN DESSIN…
AH NON.
7 DANS UNE GRANDE POÊLE OU UN WOK*, À FEU VIF, FAITES SAUTER QUELQUES MINUTES LES CREVETTES À PEU PRÈS ÉGOUTTÉES DE LEUR MARINADE ET AJOUTEZ UNE PINCÉE DE PIMENT DE CAYENNE:
(GARDEZ LA MARINADE)
YAHOOU!
TSSHHHH
* CELUI QUI TRAÎNE AU FOND DU PLACARD DE L'ENTRÉE. C'EST LE MOMENT DE LE SORTIR.
* TRÈS CONNUE.

8 UNE FOIS QU'ELLES VOUS PARAISSENT CUITES, RÉSERVEZ LES CREVETTES SUR UNE ASSIETTE ET DÉGLACEZ LE FOND DU WOK AVEC LE RESTE DE LA MARINADE :
TSHRRKKRR SHH
AJOUTEZ LE LAIT DE COCO, SALEZ SELON VOTRE GOÛT ET LAISSEZ FLOPFLOPER UNE DIZAINE DE MINUTES.
9 LAVEZ ET ÉGOUTTEZ LES FEUILLES D'ÉPINARDS :
AJOUTEZ-LES AU WOK AVEC LES CREVETTES, MÉLANGEZ BIEN ET LAISSEZ INFUSER À FEU DOUX QUELQUES MINUTES DE PLUS :
FLPFLPFLPFLPFLPFLPFLP
10 C'EST PRÊT ! SERVEZ AVEC LE RIZ CHAUD ET PIMPEZ VOTRE PLAT AVEC LE VERT D'OIGNON COUPÉ EN FINES RONDELLES, UN PEU DE ZESTE DE CITRON VERT ET DE LA CORIANDRE HACHÉE (SAUF SI VOUS DÉTESTEZ ÇA).
ÇA REND NUL EN DESSIN
SHHURRRRRRRRRRRRRRR
SERVICE CLIEN
DOSCRU QUE P
FAIRE POUR V
OUAIS BAH JE SUIS PAS DU TOUT DÉPAYSÉ !
VOTRE GARANTIE ÇA MARCHE PAS.
REM BOUR SEZ-MOI !
Lon.

Notes sur la gastronomie CANADIENNE
HOULÀ... MOLLO SUR LE TITRE...
JE SUIS PAS NON PLUS UN EXPERT!
UN PEU DE DÉCORS ET QUELQUES NOTIONS DE COUTURE.
N'ALLEZ PAS IMAGINER QUE...
EN FAIT, JE SUIS ALLÉ UNE FOIS AU CANADA (À QUÉBEC PRÉCISÉMENT) POUR ABAM ET J'AI MANGÉ HEU... QUE DIRE...
JE ME SUIS NOURRI.
J'AVAIS PRIS DES NOTES... ATTENDEZ.
BON... DÉJÀ, C'EST UNE CUISINE QUI TIENT AU CORPS (POUR SUPPORTER LE FROID). ET LÀ-BAS, ON NE S'INTÉRESSE À LA HAUTE GASTRONOMIE QUE DEPUIS UNE PETITE TRENTAINE D'ANNÉES...
déclinaison de homard au jacques
J'M'EN FOUS!
J'VEUX DU CARIBOU.
DANS LES SPÉCIALITÉS DU PAYS, IL Y A, PAR EXEMPLE, LE PÂTÉ CHINOIS.
CHEF CONNU
DE LA VIANDE HACHÉE SOUS UN NUAGE DE POMMES DE TERRE EN PURÉE ET UN PEU DE MAÏS CRÉMEUX POUR LE CÔTÉ GOURMAING...
UN HACHIS PARMENTIER AU MAÏS?
SI ON VEUT.
C'EST LA RENCONTRE ENTRE LE TUBERCULE ET LE GÉANT VERT.
QUAND C'EST LA SAISON, ON MANGE DU HOMARD (ET COMME IL Y EN A PLEIN, C'EST PAS TRÈS CHER).
HAN CRISS! MA MÈRE M'A ENCORE PRÉPARÉ UN SANDWICH AU HOMARD!
HO!
J'EN AI MANGÉ HIER EN SOUPE!
IL Y A AUSSI LA FAMEUSE SAUCE "SPAGHETT'"
C'EST UNE RECETTE ANCESTRALE QU'ON SE TRANSMET DEPUIS LA NUIT DES TEMPS... LE TRUC, C'EST DÉJÀ D'ACHETER UNE BONNE SAUCE SPAGHETT' TOUTE PRÊTE!
SPAGHET
ENSUITE, ON CUSTOMISE CETTE SAUCE AVEC CE QU'ON A SOUS LA MAIN... MAIS FAUT QU'ÇA AILLE BIEN AVEC LES SPAGHETTIS!
LES CHIPS, PAR EXEMPLE, C'EST GOÛTEUX... MAIS ÇA MARCHE PAS.
ET LES CÉLÈBRES OREILLES DE CRISSE...
OH BON SANG C'QUE C'EST COCHON!
CRUNCH! CRUNCH!
J'VAIS VOMIR
PIS C'LARD TOUT CROUSTILLANT!

LES DESSERTS NE SONT PAS EN RESTE, À L'IMAGE DU POUDING CHÔMEUR...
UN GÂTEAU BIEN CONSISTANT À LA CRÈME, ARROSÉ DE SIROP D'ÉRABLE ET ACCOMPAGNÉ D'UNE CRÈME GLACÉE !
WOW...
PAYE TON DIABÈTE !
MAIS LE PLAT LE PLUS EMBLÉMATIQUE DU CANADA ET QUI EST EXPORTÉ DANS LE MONDE ENTIER, C'EST BIEN SÛR LA
POUTINE
PAS LE PSYCHOPATHE RUSSE, HEIN !
LA POUTINE.
AVEC LE FROMAGE QUI FAIT POUIC-POUIC !
POUR RÉALISER CETTE RECETTE, IL FAUT :
DES FRITES (FACILE)
DU "FROMAGE EN GRAINS" (CHAUD À TROUVER, PEUT SE REMPLACER PAR DU CHEDDAR RÂPÉ)
DE LA SAUCE POUTINE (FACILE)
LE TRUC, C'EST QUE VOUS ALLEZ FAIRE VOUS-MÊME LA SAUCE (EH OUAIS... MAIS C'EST VACHEMENT MEILLEUR, DÉSOLÉ).
IL FAUT EN PLUS :
ÉCHALOTE
AIL
SUCRE
VINAIGRE BALSAMIQUE
BEURRE
SEL
POIVRE
BOUILLON DE VEAU
CONCENTRÉ DE TOMATES
CUMIN
PIMENT DE CAYENNE
CLOUS DE GIROFLE
FÉCULE DE MAÏS
1 HACHEZ UNE ÉCHALOTE AINSI QUE DEUX GOUSSES D'AIL, GENRE SUPERFIN.
FAITES-LES FONDRE AVEC CINQ CUILLÈRES À SOUPE DE SUCRE ET UNE NOISETTE DE BEURRE À FEU TRÈS DOUX DANS UNE CASSEROLE.
X5
VOUS ALLEZ OBTENIR UNE SORTE DE CARAMEL.
ÇA A PAS TROP LE GOÛT DU CARAMBAR MAIS BON... OK...
2 DÉGLACEZ LE CARAMEL AVEC CINQ CUILLÈRES À SOUPE DE VINAIGRE BALSAMIQUE ET LAISSEZ RÉDUIRE DE MOITIÉ.
X5
TSCHH
AJOUTEZ LE BOUILLON DE VEAU (1/2 LITRE ENVIRON... ÇA PEUT FACILEMENT SE FAIRE AVEC UN BOUILLON CUBE ET DE L'EAU CHAUDE, HEIN !).
X3
AJOUTEZ AUSSI TROIS CUILLÈRES À SOUPE DE CONCENTRÉ DE TOMATES.
(VUE EN TRANSPARENCE)
3 ÉPICEZ AVEC DEUX CLOUS DE GIROFLE, DU PIMENT DE CAYENNE, DU CUMIN COMME BON VOUS SEMBLE...
C'EST VOTRE
PERSONAL TOUCH !
HH ! TROP DE PIMENT !
LAISSEZ MIJOTER DIX BONNES MINUTES ET, POUR TERMINER, ÉPAISSISSEZ LA SAUCE EN AJOUTANT TROIS CUILLÈRES À SOUPE DE FÉCULE DE MAÏS DÉLAYÉE AU PRÉALABLE DANS UN DEMI-VERRE D'EAU.
X3
SALEZ ET POIVREZ.
4 POUR FINIR, FAITES CUIRE DES FRITES AU FOUR (OU AVEC UNE FRITEUSE MAIS C'EST TOUT UN BAZAR), DISPOSEZ LE CHEDDAR ÉMIETTÉ PAR-DESSUS ET ARROSEZ LE TOUT DE SAUCE BRUNE AU RALENTI (COMME DANS UNE PUBLICITÉ).
ET APRÈS UNE BONNE POUTINE, QUOI DE PLUS REVIGORANT QU'UNE TIRE D'ÉRABLE À MÊME LA NEIGE ?
COMME LES AUTOCHTONES !
TSHHHH
TSHHHHH
PLUS TARD...
HHHRR
P... PLUS JAMAIS UNE CHRONIQUE SUR LA CUISINE CANADIENNE
JE CRÈVE DE CHAUD DANS CE COSTUME EN PLUS !
CANADIENNE
Lon.

* JE CROIS AU POUVOIR DES MOTS : C.F. "UN BON CAFÉ", "ABAM 1".

* TOUT LE MONDE DEVRAIT AVOIR UNE RÂPE MICROPLANE CHEZ SOI.

* TREMPEZ CELLES QUI RESTENT DANS DU CHOCOLAT FONDU : HOP ! VOUS AVEZ DES CITRONNETTES :)

* C'EST ÉVENTUELLEMENT POSSIBLE AVEC LE GRIL DU FOUR AU MAX PENDANT QUELQUES MINUTES, MAIS LA TARTE DOIT ÊTRE BIEN FROIDE.

* RENATO BIALETTI (1923-2016), DONT LES CENDRES SONT CONSERVÉES DANS UNE CAFETIÈRE MOKA.

TSCHT
WOOOF!
PFFRRTTT!!
PUTAIN, MAIS QUI A ENCORE CONFONDU LA CAFETIÈRE AVEC LE CENDRIER HIER?
C'EST CHIANT, C'EST PAS COMPLIQUÉ

lon.

DEUX RECETTES POUR NOËL
HÉHO!
3 AVEC LE BONUS
FEAT. LES LUTINS DU PÈRE NOËL!
POUR DÉCORER LA MAISON ET...
POUR MANGER!
1 LES SHORTBREADS DE NOËL
LE PÈRE NOËL, EN TOUTE DÉCONTRACTION
ÇA VEUT DIRE "PAINS EN SHORT."
EN MÊME TEMPS, CHUIS NUL EN ANGLAIS.
AVEC DEDANS (POUR 10 SHORTBREADS ENVIRON):
170 G DE FARINE
55 G DE SUCRE
J'AI PAS LA PÊCHE, TIENS.
UNE PINCÉE DE SEL
100 G DE BEURRE RAMOLLI
1/2 CUILLÈRE À CAFÉ DE MÉLANGE D'ÉPICES DE NOËL
1 DANS UN SUPER GROS BOL (VOIRE UN SALADIER), MÉLANGEZ TOUS LES INGRÉDIENTS
COMME ÇA PIF POUF JUSQU'À OBTENIR UNE PÂTE MALLÉABLE.
WOÂ!
TECHNIQUE!
2 ÉTALEZ LA PÂTE ENTRE DEUX FEUILLES DE PAPIER ELFIQUE (OU SULFURISÉ) SUR UNE ÉPAISSEUR D'1/2 CM.
0,5 CM
3 DÉCOUPEZ CETTE PÂTE À L'AIDE D'UN EMPORTE-PIÈCE ROND:
ÇA MARCHE AUSSI AVEC UN VERRE!
TCHOC!
4 METTEZ VOS BISCUITS AU FRAIS UNE TRENTAINE DE MINUTES POUR QU'ILS SOIENT BIEN DURS.
NON
PRESQUE
VOILÀ
PRÉCHAUFFEZ VOTRE FOUR À 160°C, ENFOURNEZ POUR 10 BONNES MINUTES...
RECETTE BONUS
LA POMME D'AMBRE
DES MANDARINES
DES CLOUS DE GIROFLE
DU BOLDUC
ÇA SE MANGE PAS MAIS...
ÇA SENT BON DANS LA MAISON!
ET VOILÀ! C'EST PRÊT!
ALORS?
Ç'PAS MAL.
ON SENT BIEN LE CROQUANT.
ON EST CLAIREMENT SUR DE LA BADIANE.
ÇA PREND PAS DE TEMPS ET C'EST DÉLICIEUX!
MOI!
MOI!
MOI!
J'PEUX EN AVOIR?
STINKS

II Les Étoiles de Noël
WOW C'EST CHAUD!
LEVEL 2
POUR CETTE RECETTE, IL FAUT :
150 G DE POUDRE DE NOISETTES
1 CUILLÈRE À CAFÉ DE CANNELLE
80 G DE SUCRE GLACE
UN EMPORTE-PIÈCE EN FORME D'ÉTOILE (D'OÙ LE TITRE)
(JAUNE)
1 BLANC D'OEUF
1 CUILLÈRE À CAFÉ DE JUS DE CITRON
C'EST SANS GLUTEN?
UN LECTEUR
1 PRÉCHAUFFER VOTRE FOUR À 120 °C AVANT TOUTE CHOSE (OUI, MÊME AVANT DE VOUS LAVER LES MAINS ET D'ENFILER UN TABLIER.)
PFF GALÈRE AVEC UN MICRO-ONDES.
UN AUTRE LECTEUR
2 MONTEZ LE BLANC D'OEUF ET LE SUCRE EN NEIGE POUR OBTENIR UNE MERINGUE SOUPLE :
TROP MOU
OUI, VOILÀ !
TROP DUR
RÉSERVEZ 1 CUILLÈRE À SOUPE DE CETTE MERINGUE DANS UN BOL POUR... VOUS VERREZ BIEN.
3 MÉLANGEZ AVEC UNE EXTRÊME DOUCEUR LA POUDRE DE NOISETTES, LA CANNELLE ET LA MERINGUE POUR OBTENIR UNE ESPÈCE DE PÂTE.
BIZARRE... ON DIRAIT UNE ESPÈCE DE PÂTE...
UNE LECTRICE
4 ÉTALEZ LA PÂTE ENTRE DEUX FEUILLES DE PAPIER SULFURISÉ, SUR UNE ÉPAISSEUR D'ENVIRON 1 CM.
1 CM
À L'AIDE D'UN EMPORTE-PIÈCE EN FORME D'ÉTOILE (OU DE CE QUE VOUS VOULEZ D'AILLEURS), DÉCOUPEZ VOS BISCUITS DANS LA PÂTE :
5 DISPOSEZ VOS ÉTOILES SUR UNE PLAQUE DE CUISSON RECOUVERTE DE PAPIER SULFURISÉ.
J'AI FAIT DES BISCUITS EN FORME DE FOIE, C'EST PLUS FESTIF!
HANNIBAL LECTEUR
BERK!
6 MÉLANGEZ LE RESTE DE MERINGUE ET LE JUS DE CITRON, PUIS ÉTALEZ LE GLAÇAGE À L'AIDE D'UNE CUILLÈRE SUR VOS BISCUITS :
ET HOP! METTEZ TOUT ÇA À CUIRE AU FOUR (120 °C) PENDANT 10 MINUTES.
lon.
C'EST PRÊT! LAISSEZ VOS ÉTOILES REFROIDIR COMPLÈTEMENT ET... BONNE DÉGUSTATION!
(VOUS POUVEZ MÊME DÉCORER VOTRE SAPIN AVEC!)

La Relique
CLING! BILING! BLANG!
ON NE LAISSE PAS B
BÉBÉ DANS UN COIN.
SUIS-MOI!
?
M...MAIS C'EST QUOI, CE RAFFUT?! JE SUIS EN PLEIN BOUCLAGE DE ABAM5!! J'AI BESOIN DE CON-CEN-TRA-TION
OUPS! DÉSOLÉE!
BON... ÇA VA... J'ÉTAIS PAS EN TRAIN DE SCÉNARISER...
TU FAISAIS QUOI?
RIEN... JE BAZARDAIS QUELQUES BRICOLES...
AH?
GENRE QUOI?
GENRE, HEU... TES GADGETS DE CUISINE EN PLASTOC QUI ENCOMBRENT LES TIROIRS... ET DONT ON NE SE SERT JAMAIS...
CE COUPE-AVOCAT, PAR EXEMPLE.
MMH.
QUOI D'AUTRE?
CHAIS PLUS... UN PÈLE-KIWI, UNE PINCE TRANCHE-VIANDE, UN DÉMÊLEUR À SPAGHETTIS, UN SÉPARATEUR DE
UNE SCIE À BÛCHE ÉLEC
DOMMAGE DE JETER ÇA...
BLING
AH... PIS CE TRUC, LÀ... JE VOIS MÊME PAS À QUOI ÇA SERT.
MON MOULIN À AIL*!!!
MAIS T'ES COMPLÈTEMENT TARÉE DE JETER ÇA!
AH... ÇA ÉMINCE L'AIL, C'EST ÇA?
NON, MAIS ON PEUT LE FILER À EMMAÜS.
DONNE!
C'EST UN OBJET MYTHIQUE POUR MES LECTEURS!
IL EST EN RUPTURE DE STOCK DEPUIS QUE J'EN AI PARLÉ EN 2009 SUR MON BLOG... IL NE SE PASSE PAS UNE SEMAINE SANS QUE JE REÇOIVE UN MAIL ME DEMANDANT COMMENT SE LE PROCU
JE T'AI JAMAIS VU T'EN SERVIR...
JE PARIE QUE TU SAIS MÊME PAS OÙ IL ÉTAIT RANGÉ
AVEC LES COUVERTS?
NON. DANS LE PLACARD DE L'ENTRÉE.
ÉCOUTE... FAUDRAIT PEUT-ÊTRE GRANDIR UN PEU, TU CROIS PAS? SI C'EST POUR ÉMINCER L'AIL, ON A PLEIN DE BONS COUTEAUX D'OFFICE... PAS BESOIN DE CE GADGET MERDIQUE MADE IN CHINA (QUI DOIT ÊTRE CHIANT À NETTOYER, EN PLUS!).
TU SAIS QUE J'AI RAISON.
JE TE LAISSE Y RÉFLÉCHIR DEUX MINUTES ET TU DESCENDS TOUS CES TRUCS À LA POUBELLE?
GNAGNAGNA...
QU'EST-CE QU'ELLE M'ÉNERVE!
FRAGILE

* VOIR "ABAM 1".

BIEN PLUS TARD...
MGN?
CHHUT!
POURQUOI TU TE LÈVES?
JE VAIS CHECKER LES ENFANTS.
Y A UN PROBLÈME?
NON. RENDORS-TOI.
TAP! TAP!
MON PRÉCIEUX...
JE NE T'ABANDONNERAI JAMAIS.
PAPA EST LÀ.
FRAGILE

Table des recettes

Entrées

Plats

Desserts

Accompagnements

Index

M-N

O

P-Q

R

S

T

V-W-Z

Remerciements

Muriel, sans qui vous ne tiendriez pas ce livre entre vos mains,
et l'impeccable équipe de chez Gallimard : Kennoc'ha, Nicolas, Olivier,
Sandrine, Suzanne et Thierry.
L'atelier Vegas, en particulier Matthieu, Olivier, Paul et Simon.
Les lecteurs du blog pour cette belle aventure de 15 ans.
Mes parents.
Catalina (Salamandra Graphic), Claudia (Carlsen),
Amanda (Oni Press), Michele (BaoPublishing) qui défendent
À boire et à manger à l'étranger.
Boris, Josiane, Laurent, Mélissa de la bibliothèque de Carouge et Steph,
du centre culturel Rotondes au Luxembourg.
Isabelle de l'Institut français de Florence, Silvia de l'Institut français de
Milan, Matteo, Federico et particulièrement Cécile de l'Institut français
d'Italie et Marion, de l'Alliance française de Turin.
Yann et Murielle de l'Alliance française de Querétaro, Aurélie pour
sons sens de l'hospitalité et Mariella, pour les cours de cuisine.

Claire, pour la meilleure équipe.

Le prochain volume d'*À boire et à manger* parlera de la cuisine
de ma mère et si tout va bien, vous devriez moins patienter
que vous ne l'avez fait pour celui-ci.

Du même auteur

Chez Gallimard
À BOIRE ET À MANGER (cinq volumes)

Chez Actes Sud Junior
STALINE
ROBESPIERRE

Chez Auzou
MARCEL, CHOUX DE BRUXELLES :
LA TERREUR DU BAC À LÉGUMES, avec Nicolas Béghain

Chez Bayard
SIMONE SE BASTONNE. CARTABLES ET CRUSTACÉS, avec Anne Schmauch
LE MÉGATRUC, avec Céline Claire
MYSTÈRE ET CHOCOLAT, avec Jean Alessandrini
TCHEETOS, LE STAGIAIRE DE LA RÉDAC'

Chez Casterman
LA CELLULE, avec Fabienne Costes

Chez Delcourt
BOISSONS ET SÉDUCTION, avec Ophélie Neiman

Chez Didier Jeunesse
TÉTINE MAN (quatre tomes), avec Christophe Nicolas
LA FABULEUSE MÉTHODE DE LECTURE DU PROFESSEUR TAGADA, avec Christophe Nicolas

Chez Exemplaire
L'ABÉCÉDAIRE DÉLICIEUX

Chez Grasset
CONTES D'AILLEURS ET D'AUTRE PART, avec Pierre Gripari

Chez Ici même
UNE SARDINE À LA MER
L'ENFANCE DE L'ART

À La Joie de lire
SWIMMING POULE MOUILLÉE
LE GRAND MÉCHANT HUIT
PLÂTATRAS !
L'IMAGIER DE GUILLAUME
101 BONNES RAISONS (quatre volumes), avec Béatrice Masini

Chez Thermostat 6
TRAITÉ DE MIAMOLOGIE EN FAMILLE, avec Delphine Brunet

Chez Milan
AU FOND DE LA CLASSE, avec Merlot

Chez Vertige Graphic
COMME UN POISSON DANS L'HUILE
LES SARDINES SONT CUITES
ANATOMIE DE L'ÉPONGE

CC = CUILLÈRE À CAFÉ CS = CUILLÈRE À SOUPE * AU JUGÉ

Mes sauces préférées

une bonne sauce...

... sauve un mauvais plat !

CC = CUILLÈRE À CAFÉ CS = CUILLÈRE À SOUPE * AU JUGÉ (ÇA DÉPEND DE LA MATURITÉ DES FRUITS).